すぐに役立つ

入門図解
改訂新版

最新

介護保険【サービス・費用】と介護施設のしくみと手続き

行政書士
若林 美佳 [監修]

三修社

はじめに

　介護保険は、国民年金や厚生年金、国民健康保険、健康保険など
と同様、公的社会保険のひとつです。このうち介護保険は、利用者
が自ら申請しなければサービスの提供を受けられないという点に特
徴があります。一方、介護保険も社会資源のひとつであり、提供で
きる量が限られるため、適切な介護サービスの提供が望まれます。

　日本では、少子高齢化の進行が重大な社会問題となっています。
厚生労働省のデータによると、2060年には高齢化率（人口に占める65
歳以上の人の割合）が約40％になると見込まれています。高齢化が
進行する中でも適切な介護サービスの提供を実現するには、介護サー
ビスを受けたいと思っている人や介護事業者が、介護保険の基本的
な知識や必要な手続きについて十分に理解しなければなりません。

　本書は、介護サービスを受けたいと思っている人と介護事業者の
どちらの側からも利用していただけるように解説しました。介護保
険の基本となる介護保険法の全体像の解説をはじめ、介護保険を利
用するための手続き、介護事業を始めるための手続き、高額医療・
高額介護合算療養費制度や生活保護などの関連知識、介護施設（特
別養護老人ホーム、介護老人保健施設など）やサービス付き高齢者
向け住宅（サ高住）などのしくみや申込み方法まで解説しており、
充実した内容となっています。財務状況の公表義務化、科学的介護
情報システム「LIFE」の推進、地域包括支援センターの業務体制
の整備、介護職員等に関する処遇改善加算の一本化など、令和6年
（2024年）の介護保険法改正や介護報酬改定にも対応しています。

　本書をご活用いただき、皆様のお役に立てていただければ監修者
として幸いです。

監修者　行政書士　若林　美佳

Contents

第2章　事業者が提供する介護サービスの種類

第3章　事業者になるための申請手続き

第1章
介護保険のしくみ

1 介護保険制度の全体像について知っておこう

事業者は、要介護・要支援の認定を受けた者にサービスを提供する

▓▓ 介護保険とは

　介護保険制度は、被保険者が、介護を必要とする状態になったときに必要なサービスが提供される公的社会保険制度です。介護保険は、一定の年齢になったら誰でも自動的に介護サービスを利用できるのではなく、介護サービスを受けたい人が、サービスの提供を申請したときに事業者がサービスを提供する制度です。ただし、申請者全員がサービスの対象になるとは限らず、申請した内容について、市町村が認定（要介護・要支援認定）した人に対して、事業者が介護保険による介護サービスを提供することになります。

　健康保険や国民健康保険などの医療保険の場合、保険の適用のある治療を受けると、病院の窓口で保険証を提出すれば、誰でも保険の適用を受けることができます。医療保険とは、加入者が収入に応じて保険料を出し合って、病気になったりケガをしたときに、保険から医療費を支払う制度です。日本の場合は、国民全員が公的医療保険制度に加入するため、国民皆保険と言われています。

　一方、介護保険の場合、誰にでも介護サービスが提供される、というわけではありません。事業者は、市町村がサービスの提供が必要であると認定した者に対して、サービスを提供するしくみがとられています。市町村（正確には介護認定審査会）に介護サービスを受ける必要がないと判断された場合、要介護・要支援の認定を受けることができず、介護保険を利用したサービスを受けることはできません。認定を受けると、介護が必要な要介護状態にある場合には要介護1〜5、要介護ほどではないが支援が必要な要支援状態にある場合には要支援

1・2という区分にさらに分けられます。認定を受けた人が実際に受けることのできるサービスは、その区分によって異なりますが、大きく分けると介護給付と予防給付に分けられます。また、要介護や要支援に該当しないと認定された場合でも、市町村独自の事業サービスを受けることが可能です。

■■ なぜ介護保険制度ができたのか

　介護保険制度が創設される前までは、家族で高齢者の介護を行うという家庭が多くありました。しかし、女性の社会進出や親の共働きの増加、核家族化など社会のあり方が大きく変化し、高齢者の介護を担う家族がいなくなるという状態が生じるようになりました。

　また、日本では、高齢化が急速に進んでいます。厚生労働省の統計によると、昭和25年（1950年）時点で5％に満たなかった65歳以上の高齢者割合が、令和5年（2023年）では29.1％になっており、過去最高となっています。そして、これからさらに高齢者の割合は上昇するものと考えられています。

　このような社会状況において、高齢者の適切な介護を保障するため、介護保険制度ができました。

■ 介護保険制度とは ....

介護保険制度	介護が必要な人に対して必要なサービスが提供される

市町村
（介護認定審査会）

①申請
②認定

介護が必要な人

③介護サービス
利用に関する契約

介護サービス
事業者
（社会保険）

〈要介護〉：介護が必要
⇒1〜5に区分
〈要支援〉：支援が必要
⇒1・2に区分

区分に応じて受けられるサービスが変わる
⇒大きく介護給付と予防給付に分類

介護保険制度は、利用者の意思決定を尊重することに目的があります。従来、介護サービスの提供においては、措置制度がとられていました。措置制度とは、利用者が介護サービスの利用を申請した場合、市町村が必要な介護サービスの内容や施設などを判断し、その市町村の判断通りの措置をとるという制度でした。その場合は、介護サービスの内容などについて利用者の意思がほとんど反映されておらず、利用者の意思を尊重する制度とはいえませんでした。

　そこで、介護保険制度では、契約制度を用いています。契約制度は、利用者が介護サービスを受けるにおいて、自ら事業者と契約を締結するという制度です。そのため、利用者の意思が十分に反映された内容とすることができます。また、介護保険制度は、介護サービス事業者として民間企業による運営を認めています。このことにより、介護サービスにも競争原理が働き、介護サービスの向上が促されています。

■■ どんな相談窓口があるのか

　介護保険サービスを利用するには、市町村から要介護、あるいは要支援の認定を受ける必要があります。しかし、介護保険サービスの利用希望者にとって、手続きは必ずしも簡単ではありません。そこで、必要な手続きについて、気軽に相談できる場所が必要になります。まず、市町村では通常、地域福祉課などの担当部署が置かれ、介護保険制度の利用手続きなどに関する、さまざまな相談に応じています。

　また、市町村は、要介護・要支援状態になることの予防や、状態の悪化防止を目的に行う地域支援事業の一環として、地域包括支援センターを設置しています。地域包括支援センターにおいても、要介護・支援認定に必要な手続きに関する、相談や手続きの代理を依頼することができます。さらに、近所に居宅介護支援事業所が設置されている場合、在籍しているケアマネジャーに対して、必要な手続に関する相談などを、気軽に行うことも可能です。

2 介護保険の保険者と被保険者について知っておこう

第1号被保険者と第2号被保険者の特徴を知る

■■ 保険者とは

　介護保険の保険者とは、介護保険サービスを提供する主体のことです。介護保険の保険者は、市町村（東京都の場合は特別区）です。介護保険サービスは、公的費用により運営されているため、財政を管理する市町村が、あわせてサービスを提供する主体にもなっているということです。実際に介護保険サービスを利用する人にとって、比較的アクセスが容易であることからも、地域に根付いた市町村が、保険者としての役割を担っているともいえます。

　市町村は、保険者として以下のような業務を行っています。

・被保険者に関する介護保険を受給する資格などについての管理

・要介護・要支援認定の判定

・介護保険給付の支給

・市町村介護保険事業計画の設定

　また、介護保険料の金額を設定し、実際に保険料を被保険者から徴収する業務に関しても、市町村が行います。

　介護保険を利用する人にとって、市町村が保険者であることは、アクセスの面ではメリットが大きいといえます。しかし、市町村は地域によって規模もさまざまであるため、人員の確保や財政的事情が厳しい市町村の場合には、必要十分な介護保険サービスの運営が難しくなるおそれがあるというデメリットがあります。そこで、特に介護保険制度を運営することが困難な市町村については、要介護認定の判定業務などについて、都道府県に委託することが認められています。

　介護保険制度においては、確実に保険料を徴収することが、制度を

根底から支える前提になっています。そこで、保険料の徴収について
も、市町村の負担を軽減する制度が設けられています。まず、後述の
第1号被保険者の保険料について、被保険者に対して、保険料の支払
いを直接的に求めるのではなく、日本年金機構などの年金保険者が、
年金額から介護保険料に相当する金額を天引きするという方法を用い
ることができます。また、第2号被保険者についても、その被保険者
が、たとえば国民健康保険の被保険者である場合には、市町村が国民
健康保険の医療保険者として、医療保険料と一体で介護保険料の納付
を求めることが可能です。

■■ 被保険者とは

　介護保険の被保険者とは、介護保険料を支払い、介護保険サービス
を利用することができる人のことです。介護保険法は、被保険者につ
いて、第1号被保険者と第2号被保険者に分類しています。いずれの
被保険者であっても、被保険者が実際に介護保険のサービスを受ける
には、要介護・要支援の認定を受けなければなりません。

① **第1号被保険者**

　第1号被保険者とは、保険者である市町村に住所を持つ65歳以上の
人を指します。介護保険の保険者は市町村ですから、65歳になった人
は自分の住んでいる市町村の第1号被保険者となります。生活保護を
受給している65歳以上の人の場合には、生活扶助として、介護保険料
相当分が上乗せして支給され、介護保険サービスを利用することが可
能です。実際に介護保険サービスを利用した場合には、利用者負担額
分について介護扶助費が支給されます。

② **第2号被保険者**

　第2号被保険者とは、保険者である市町村に住所を持つ40～64歳
で医療保険に加入している人とその被扶養者になります。医療保険に
加入している人やその被扶養者が40歳になると、自分の住んでいる市

町村の第2被保険者となります。医療保険加入者であることが要件であるため、生活保護受給者は第2号被保険者になることはできません。この場合、生活保護における介護扶助として、介護サービスを受けることが可能になります。

　また、第2号被保険者で介護保険の給付を受ける場合にも、第1号被保険者と同様、要支援・要介護の認定を受けてはじめて給付を受けることができます。しかし、第1号被保険者とは異なり、加齢に伴って生じる心身の変化が原因である一定の疾病（特定疾病）により、要介護状態・要支援状態になった人に限って、介護保険サービスの利用が可能になります。特定疾病には16種類の疾病があり、たとえば、がん（医師が回復の見込みがないと判断したものに限る）、初老期に発症する認知症、関節リウマチなどです。

　被保険者が負担する保険料の金額についても、通常、第1号被保険者の場合と異なるため注意が必要です。第1号被保険者の場合、保険料の算定を行うのは市町村ですので、被保険者が住んでいる市町村に

■ 第1号被保険者と第2号被保険者の特色 ……………………………

	第1号被保険者	第2号被保険者
対象者	65歳以上の人	40～64歳の医療保険加入者とその被扶養者
介護保険サービスを利用できる人	要介護・要支援認定を受けた人	特定疾病によって要介護・要支援状態になった人
保険料を徴収する機関	市町村	医療保険者
保険料の納付方法	年金額が 18万円以上：特別徴収 18万円未満：普通徴収	介護保険料を上乗せされた状態で医療保険に納付
保険料の金額の定め方	所得段階で分けられた定額保険料 （市町村が設定）	〈各医療保険〉 　標準報酬 × 介護保険料率 〈国民健康保険〉 　所得割・均等割など前年の所得に応じて算出

よって、金額が異なります。これに対して、第2号被保険者の保険料については、市町村によって差はありません。第2号被保険者が負担すべき保険料の総額を、加入している医療保険ごとに第2号被保険者の総数で割ることで保険料が算出されるからです。その保険料は各医療保険者が医療保険料と同時に徴収し、社会保険診療報酬支払基金に納付します。そこから市町村へ交付されるしくみになっています。

■■ 介護保険が適用されない人もいる

　介護保険制度では、40歳～64歳までの医療保険に加入している人や65歳以上の人は、特別な手続をしなくても自動的に住所地の保険者に加入することになっています。しかし、中には法令により、この条件に該当していても介護保険の適用を受けないとされている人がいます。障害者総合支援法に規定されている指定障害者支援施設に入所している障害者や「適用除外施設」に入所している人です。これらの施設に入所している場合、居宅での介護を支援することを目的としている介護保険のサービスを利用する機会はあまりありません。また、それぞれの施設では生活援助など必要なサービスを提供していることが多いため、適用除外という扱いになっています。具体的には次のような施設が適用除外施設とされています。

① 　重度の知的障害や重度の肢体不自由が重複している児童を入所させる医療型障害児入所施設
② 　独立行政法人国立重度知的障害者総合施設のぞみの園法の規定により設置される施設
③ 　国立ハンセン病療養所等
④ 　生活保護法に定める救護施設　など

　なお、適用除外施設を退所または退院した場合は、介護保険の被保険者として扱われることになります。

3 介護保険と医療保険の関係について知っておこう

医療保険は国が国民の医療を受ける権利を保障するしくみ

■■ 医療保険とは

　医療保険とは、社会保険制度の一環として、国が国民に対して、医療を受ける機会を保障する制度です。医療を利用する者（被保険者）は、あらかじめ保険料を負担します。そして、実際に医療サービスが必要になった時点で、わずかな負担で（原則として自己負担額は3割）サービスを受けることができます。

　わが国の医療保険制度はおもに、①健康保険、②国民健康保険、③後期高齢者医療制度の3つにより成り立っています。

① 健康保険

　健康保険は、会社などに雇用されている人を対象とする医療保険です。労働者は、給与の支払いの際に、医療保険の保険料を強制的に天引きされています。そうすることで会社が労働者に代わってその保険料を支払っています。

② 国民健康保険

　国民健康保険は、自営業者など、健康保険の対象に含まれない人が利用することができる医療保険です。国民健康保険の保険者は、都道府県あるいは市町村、国民健康保険組合（国保組合）です。

③ 後期高齢者医療制度

　後期高齢者医療制度は、原則として75歳以上の高齢者が利用する医療保険です。高齢者の場合、所得が低く医療費が高い傾向にあり、社会保険財政がひっ迫する要因にもなっています。高齢者医療を社会全体で支えるため、この医療制度ができました。

■■ どんな場合に必要になるのか

人は誰もがケガをしたり病気にかかります。その際に、病院などでかかった費用について、すべて自己負担額としてしまうと、経済的な事情から必要な医療サービスを受けることができないおそれがあります。そこで、医療サービスを受ける時点で、あらかじめ支払っていた保険料に基づき、医療保険が給付されることによって、利用者負担額のみで、必要な医療サービスを受けることが可能になります。

■■ 介護保険と医療保険はどこが違う

介護保険は、日常生活における動作のサポートなどが含まれるため、一般に利用者が提供を受けるサービスの量も多く、期間も長期化しがちです。これに対して、医療保険は、人が負傷した場合、あるいは、疾病にかかった場合に利用する制度ですので、ケガや病気の治療に必要な給付を受けることができます。

特に、介護保険利用者の高齢化が進むわが国では、介護保険の利用期間の長期化が問題になっています。そこで、限られた財源の中で、広く必要なサービスを行き渡らせるためにも、利用者が1か月で利用することができる介護サービスの利用額には上限額が設定されています。一方、医療保険においては、利用額の上限はありません。

■ 介護保険と医療保険 ·····························

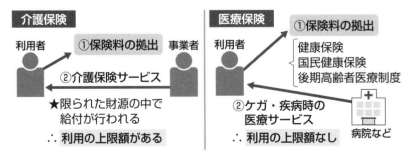

4 介護保険制度の見直しについて知っておこう

約3年ごとに制度が見直されている

■■ なぜ制度の見直しをするのか

　介護保険の利用者は、基本的に必要と思われるサービスを自ら選択することができます。そのため、介護保険において利用者のニーズは重要な要素といえます。現在、深刻な高齢社会を迎えているわが国において、介護施設に長期間滞在する利用者が増加しています。一方、介護サービスにより必要なケアを受けながらも、住み慣れた地域で可能な限り生活を続けたいと考える利用者も少なくありません。

　このように、高齢者が置かれる社会的状況や、利用者のニーズの動向に合わせて、利用者の長期療養に備えた制度設計や、地域全体で利用者を支えるしくみを整える必要性があります。そのため、介護保険制度は、必要に応じて制度の見直し（法改正など）が不可欠です。

　また、介護サービス事業者が、実際には介護サービスの提供を行っていないにもかかわらず、介護報酬を請求するなど、不正を行うことも少なくありません。定期的に介護保険制度を見直すことで、介護サービス事業者に対する適切な規制を可能にして、その不正を防止するという役割も期待できます。

■■ 3年ごとに制度の見直しをする

　介護保険制度は平成13年（2000年）から導入され、介護保険法附則には、制度の開始から5年をめどに、制度の必要な見直しを実施するとの規定がありました。この規定を受けて、平成18年（2006年）に地域密着型サービスの導入などを含む大幅な法改正が行われました。

　現在では、約3年ごとに制度の見直しが実施されています。介護保

険の保険者である市町村は市町村介護保険事業計画を策定します。この市町村介護保険事業計画の見直しが3年ごとに行われるため、それにあわせて介護保険制度も見直しが行われているのです。

　介護保険制度が開始された平成13年（2000年）から3年ごとに区切ると、令和6年（2024年）から令和8年（2026年）は第9期に該当します。この第9期に向けた制度の見直しにあわせて、令和6年施行の介護保険法改正では、地域包括支援センターの体制整備等、介護サービス事業者に対する財務諸表等の報告の義務付け（財務諸表等の見える化）などの改正が行われました。

■■ 介護報酬も定期的に改定される

　介護報酬は介護サービスごとに決定されますが、1単位10円（原則）として決定される介護サービスの価格は、利用者の利用頻度やサービス内容と、実際に介護サービスを提供する事業者の人員の確保など、状況の変化に応じて、当初定めていた価格が実情に見合わなくなることも少なくありません。そこで、介護サービスの利用者の総数や、介護サービスを提供する事業者の総数などを考慮し、現在の介護報酬では不均衡が生じる場合は、定期的に介護報酬の引上げや引下げが行われています。

■ 介護保険制度の見直し ……………………………………

| 介護保険制度 | 利用者のニーズや介護サービス事業者の不正防止など必要に応じて、制度の見直しが必要になる |

★2006年以降は、約3年ごとに制度の見直しが行われている

∵ 市町村介護保険事業計画の見直し（3年ごと）に対応しているため

⇒3年ごとに区切ると、2024年〜2026年は「第9期」にあたる

| 介護報酬 | ⇒ 介護保険制度の定期的な見直しと同様に、定期的に改定され、介護報酬の引上げ・引下げが行われる |

5 令和6年に施行される改正について知っておこう

改正が検討されたが見送りとなった事項もある

■■ どんな改正が行われるのか

令和6年に施行される改正（令和6年度介護報酬改定、令和5年介護保険法改正）のポイントとして、まず、認知症の対応力向上や質の高い公正中立なケアマネジメントなど、地域の実情に応じた柔軟かつ効率的な取組みを推進する「地域包括ケアシステムの深化・推進」が挙げられます。

また、LIFEを活用した質の高い介護など、高齢者の自立支援・重度化防止という制度趣旨に沿い、多職種連携やデータの活用等を推進する「自立支援・重度化防止に向けた対応」も挙げられます。

さらに、介護職員の処遇改善や生産性の向上等を通じた働きやすい職場環境づくり等の取組みを推進する「良質な介護サービスの効率的な提供に向けた働きやすい職場づくり」、すべての世代にとって安心できる制度を構築するための「制度の安定性・持続可能性の確保」もポイントとして挙げられます。

その他には、通所系サービスにおける送迎に係る取扱いの明確化や、基準費用額（居住費）の見直し等も挙げることができます。

以上に関連する改正は、一部を除いて、令和6年（2024年）4月より施行されています。

■■ 財務状況の公表を義務化

すべての介護サービス事業者を対象として、財務状況の公表が義務付けられました。また、介護サービス事業者の経営情報の調査及び分析等を目的として、毎会計年度終了後に、経営情報を都道府県知事に報告することが義務付けられました。都道府県知事は、報告を受けた

経営情報の調査・分析を行い、厚生労働大臣に報告を行います。厚生労働大臣は、収集したデータベースの整備を行い、国民にわかりやすいようにグルーピングした経営情報の分析結果を公表します。

■■ 科学的介護情報システム「LIFE」の推進

LIFEを活用した科学的介護を推進し、質の高い情報の収集と分析を行うためのLIFE導入事業所における入力負担の軽減の観点から、科学的介護推進体制加算の見直しが行われます。具体的には、LIFEへのデータ提出頻度について、他のLIFE関連加算とあわせて、少なくとも「6月（6か月）に1回」から「3月（3か月）に1回」に見直されます。その他、入力項目の定義の明確化や他の加算と共通する項目の選択肢の統一化の他、同じ利用者に複数の加算を算定する場合にデータ提出のタイミングを統一できるようになります。また、アウトカム評価の充実のための加算等の見直しも行われます。

■■ 特定施設入居者生活介護等の人員配置基準の緩和

介護サービスの質の確保および職員の負担軽減のために、テクノロジーの活用等を行い、生産性の向上に先進的に取り組んでいる特定施設について、人員配置基準の特例的な柔軟化が行われます。

現行では、特定施設ごとに配置すべき看護職員および介護職員の合計数について、常勤換算方法で、要介護者である利用者数が3名（要支援者の場合は10名）またはその端数を増すごとに看護職員および介護職員の合計数が1名以上であることが求められていますが、以下の①～④の要件を満たす場合は、看護職員および介護職員の合計数が「0.9名以上」に緩和されるという特例的な基準が新設されます。

① 利用者の安全並びに介護サービスの質の確保および職員の負担軽減に資する方策を検討するための委員会において必要な安全対策を検討等していること

② 見守り機器等のテクノロジーを複数活用していること

③ 職員間の適切な役割分担の取組み等をしていること

④ ①〜③の取組みにより介護サービスの質の確保および職員の負担軽減が行われていることがデータにより確認されること

■■ 地域包括支援センターの業務体制の整備

地域住民の複雑かつ複合化したニーズへの対応や、認知症の高齢者を抱える家族への支援の充実など、地域の拠点である地域包括支援センターの業務は増えており、地域住民からの期待も大きいことから、地域包括支援センターの業務体制の整備が求められていました。

そこで、最も業務負担が大きいとされている総合相談支援業務について、業務の一部を居宅介護支援事業所（ケアマネ事業所）に委託することが可能になりました。委託を受けた居宅介護支援事業所は、市町村等が示す方針に従って業務を実施します。

また、2番目に業務負担が大きいとされている要支援者に対する介護予防支援の業務についても、居宅介護支援事業所が市町村から指定を受けて、介護予防支援の業務を実施できるようになりました。指定を受けた居宅介護支援事業所は、市町村や地域包括支援センターとも連携を図りながら業務を実施します。

■ 科学的介護情報システム「LIFE」の運用 ……………………………

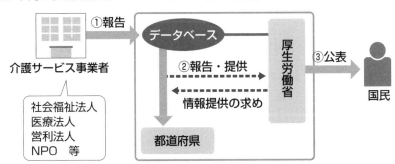

▦ 処遇改善加算の一本化

　介護職員等の人材確保のために、介護職員の処遇改善についての措置が多くの介護事業所で活用されることを目的として、現行3種類ある介護職員等に関する処遇改善加算（介護職員処遇改善加算、介護職員等特定処遇改善加算、介護職員等ベースアップ等支援加算）の一本化が行われます。一本化後の新たな処遇改善加算は「介護職員等処遇改善加算」という名称となり、現行の各加算・各区分の要件および加算率を組み合わせた4段階の加算率になります（令和6年6月より施行）。

▦ 居宅介護支援における多様な課題への対応の促進

　居宅介護支援における特定事業所加算の算定要件に、「ヤングケアラー、障害者、生活困窮者、難病患者等、他制度に関する知識等に関する事例検討会、研修等に参加していること」が追加されます。居宅介護支援の提供において、要介護者だけではなく、その家族に対する支援の強化など、多様化・複雑化する課題に対応するための取組みを促進するのが目的です。

▦ 老健等の多床室の室料負担の導入

　介護老人保健施設（老健）、介護医療院の多床室の入所者について、新たに室料負担（月額8,000円相当額）が導入されます。対象となるのは、「その他型」および「療養型」の介護老人保健施設の多床室と、「Ⅱ型」の介護医療院の多床室の利用者です。なお、短期入所療養介護を提供している場合は、その場合の多床室利用についても対象（介護予防サービスも含む）となります（令和7年8月より施行）。

▦ 改正見送りが決定した事項

・訪問介護・通所介護の複合型サービスの創設

　新たな複合型サービスの創設（訪問介護と通所介護を組み合わせた

複合型サービス）については、導入に賛成している意見もある一方で、規制緩和（通所介護事業所が訪問介護も提供できるようにする）で対応するのでよいのではないかという意見や、他の複合型サービスとの違いがわかりづらく、制度の複雑化につながるのではないかという意見など、見直しに慎重な意見があることから、今回の改正では見送り、更に検討を深めるという方向性になりました。

・**要介護1～2における総合事業への移行**

　軽度者（要介護1・2）への訪問介護・通所介護における生活援助サービス等に関する給付の見直し（総合事業への移行）については、受け皿整備の必要性や総合事業の地域ごとのバラつき、認知症の人への対応には専門的な知識が不可欠など、見直しに慎重な意見があることから、今回の改正では見送りとなりました。今後の方針としては、令和9年度からの第10期介護保険事業計画期間の開始前までに、介護保険の運営主体である市町村の意向や、利用者への影響なども踏まえながら、包括的に検討を行った上で、結論を固める方針となりました。

・**ケアプランの有料化**

　ケアマネジメントに関する給付の見直し（利用者負担の導入）については、利用者負担を導入することにより利用者自身でケアプランを作成するセルフケアプランが増えることが想定され、ケアマネジメン

■ **介護職員等に関する処遇改善加算の一本化** ⋯⋯⋯⋯⋯⋯⋯⋯⋯⋯⋯

介護職員処遇改善加算(I) 13.7%
介護職員処遇改善加算(II) 10.0%
介護職員処遇改善加算(III) 5.5%

介護職員等特定処遇改善加算(I) 6.3%
介護職員等特定処遇改善加算(II) 4.2%

介護職員等ベースアップ等支援加算 2.4%

一本化→

新設（4段階）

介護職員等処遇改善加算(I) 24.5%
介護職員等処遇改善加算(II) 22.4%
介護職員等処遇改善加算(III) 18.2%
介護職員等処遇改善加算(IV) 14.5%

※加算率は訪問介護の場合

トの質への影響が懸念される等の観点から、今回の改正では見送りとなりました。今後の方針としては、利用者やケアマネジメントに与える影響、他のサービスとの均衡等も踏まえつつ、包括的に検討を行いながら、令和９年度（2027年度）からの第10期介護保険事業計画期間の開始前までに結論を出すこととされています。

・２割自己負担の対象拡大

　介護保険の利用者負担に関する「一定以上所得」の判断基準の見直し（所得の判断基準を引き下げて、利用者負担が２割となる対象者を拡大する）については、負担を増やすことが介護サービスの利用控えにつながるのではないか等の懸念が多く挙げられることから、今回の改正は見送りとなりました。今後の方針としては、介護サービスは医療サービスと利用実態が異なること等を考慮しながら、総合的かつ多角的に検討を行い、令和９年度からの第10期介護保険事業計画期間の開始前までに結論を固める方針となりました。

・特別養護老人ホームの特例入所基準の緩和

　特別養護老人ホームの特例入所（要介護１・２の人を特例的に入所させる）についても、今回の改正には盛り込まれないことになりました。特別養護老人ホームの入所申込者数については地域によってバラつきがあり、高齢者が少ないために空床が生じている場合や、人手不足により空床となっている状況等があります。そのため、特例入所の運用状況や、空床が生じている原因などについての実態を把握した上で、特例入所の趣旨の明確化を行い、地域の実情を踏まえた適切な運用をすることとしています。

　なお、令和５年（2023年）４月に特別養護老人ホームの特例入所に関する指針について一部改正が行われ、特例入所の対象者かどうかの判定においては、居宅で日常生活を営むことが困難なことについてやむを得ない事由がある状況を十分に考慮し、地域の実情等を踏まえ、各自治体で必要と認める事情があれば、それも考慮するとしています。

6 介護保険事業（支援）計画について知っておこう

介護保険サービスの量の見込みなどを記載しなければならない

■■ 介護保険事業計画（市町村介護保険事業計画）

　介護保険事業計画とは、市町村が定める介護保険サービスに関する基本的な方向性を示した計画を指します。介護保険事業計画において必ず記載しなければならないおもな事項は、以下のとおりです。

① 日常生活圏域（地理的条件・人口・交通事情などを考慮して決定する、介護サービス提供のための施設整備などの際に基準として用いる地域住民の生活範囲）の設定

② 年度ごとにおける種類ごとの介護保険サービスの量に関する見込み（日常生活圏域ごとに記載）

③ 年度ごとにおける認知症対応型共同生活介護、地域密着型特定施設入居者生活介護、地域密着型介護老人福祉施設入所者生活介護に関する必要定員総数（日常生活圏域ごとに記載）

④ 年度ごとにおける地域支援事業の量に関する見込み

　介護保険事業計画においては、上記項目の他に、見込まれる介護保険サービスの量を確保するための方策、介護保険サービスの円滑な提供に関する事業に関する事項を示すことが求められています。

　介護保険事業計画は3年ごとに見直しが行われており、令和6年現在は第9期計画の期間（令和6年度〜令和8年度）に該当します。平成25年度（2015年度）に開始された第6期以降は、いわゆる「団塊の世代」が介護保険サービスの主要な利用者になる令和7年（2025年）に向けた円滑な介護保険サービスの提供体制の構築をめざして、中・長期的な視点から、介護保険事業計画の策定が行われています。

■■ 介護保険事業支援計画（都道府県介護保険事業支援計画）

　介護保険事業支援計画とは、都道府県が策定する介護保険サービスに関する基本的な方向性を示した計画を指します。市町村が策定する介護保険事業計画と一体的に作成されることが求められており、介護保険事業計画と同様、３年ごとに見直しが行われます。おもな記載内容は、以下のとおりです。

① 老人福祉圏域（老人福祉施設の設置・整備の際に用いられる比較的広域の範囲）の設定

② 年度ごとにおける介護老人福祉施設などに関する必要入所定員総数の設定（老人福祉圏域ごとに記載）

③ 介護保険事業計画を踏まえ、年度ごとにおける種類ごとの介護保険サービスの量に関する見込み（老人福祉圏域ごとに記載）

■■ 両計画と基本指針との関係

　両計画（介護保険事業計画や介護保険事業支援計画）の策定の際にガイドラインの役割を担うのが基本指針です。基本指針とは、国が定める介護保険サービスの円滑な提供に関する基本的な指針です。基本指針では、高齢社会における適切な介護保険サービス体制の確保や、そのための方策の推進の必要性が示されており、両計画は基本指針に沿った内容の計画を策定しなければなりません。

■ 介護保険事業計画・介護保険事業支援計画の関係 ………………

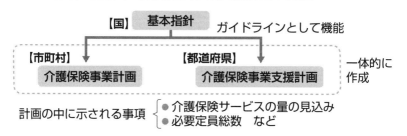

7 介護保険のサービスを受けるための手続を知っておこう

要介護認定・要支援認定を受けることとケアプランの作成が必要

■■ どのような流れで手続きをするのか

　介護保険サービスの利用を希望する人がとるべきおもな手続きとして、①介護認定を受けること、②ケアプランを作成すること、という2つの手続きが挙げられます。

① 介護認定

　介護保険サービスは、原則として要介護者あるいは要支援者を対象に提供されます。そのため、介護保険サービスの利用を希望する場合には、まず、要介護者あるいは要支援者の認定（介護認定）を受けなければなりません。介護認定は、利用希望者が介護保険サービスの提供を受ける必要があるのか否かを判断する基準として用いられるため、介護認定を受けることができない場合は、原則として介護保険サービスの対象者から外されます。

② ケアプランの作成

　介護保険サービスの利用希望者が介護認定（要介護認定あるいは要支援認定）を受けると、介護サービス提供事業者との間で、介護保険サービスに関する契約を締結します。そして、実際にサービスが提供される段階では、限られた財源の中で、効果的にサービスを提供するため、ケアプラン（居宅サービス計画、施設サービス計画、介護予防サービス計画）に基づいてサービスの提供が行われます。

　居宅サービス（要介護者が受ける在宅のサービス）の提供を受ける場合は、利用者自身がケアプラン（居宅サービス計画）を作成することも可能です。しかし、利用者が、ケアプランの作成を怠っている場合や、作成していても市町村に届出をしていない場合、市町村から費

用の支給を受けることができず、介護保険サービスに必要な費用が全額自己負担になるおそれがあります。そこで、ケアプランの作成を専門家であるケアマネジャーに任せるのが安心です。居宅サービスにおけるケアプランの作成は、居宅介護支援として介護保険サービスの中に位置付けられているため、ケアマネジャーが、利用希望者の心身の状況や、利用者やその家族の希望などを考慮して、ケアプランを作成するとともに、その他必要な手続きを行うことが多いです。

■■介護認定を受ける前でもサービスは受けられるのか

　原則として介護認定を受けた後でなければ、介護保険サービスの利用ができません。しかし、サービスの提供を受ける必要があるにもかかわらず、介護認定を受けるまでの間に相応の時間を要する場合は、介護認定の申請を行った後、暫定ケアプランを作成することで、介護保険サービスの利用が認められることがあります。また、心身の状況の急激な変化などのため、緊急にサービスの提供を受ける必要がある場合には、申請前であっても介護保険サービスの利用が認められることもあります。なお、いずれの場合も、後に介護認定を受けることができなかったときは、サービスの提供にかかった費用が全額自己負担になりますので、その点は注意が必要です。

■ 介護保険サービスの提供を受けるために必要な手続き …………

【介護保険サービスを利用するためのおもな手続き】

　① 介護認定 ：市町村に対して介護認定の申請を行う

　　⇒要介護・要支援の認定を受けなければ、介護保険サービスの対象から外れる

　② ケアプランの作成 ：実際の介護保険サービスはケアプランに基づいて
　　　　　　　　　　　　 提供される

　※利用者自身でケアプランを作成することも可能
　　　⇒自分に必要な介護保険サービスの内容や届出など、必要な手続きが
　　　　複雑であるため、ケアマネジャーに作成を依頼することが多い

8 要介護認定について知っておこう

予防重視のより細かい判定で制度の効率的な運用が可能になる

■■ 要介護と要支援がある

　介護保険の場合、サービスを利用したい人すべてが、介護保険の給付の対象者になるわけではありません。介護事業者が提供する介護保険の給付サービスは、要支援あるいは要介護の認定を受けた人が対象です。

　では、給付を受けるための認定基準となる要支援・要介護とはどのような状態を指すのでしょうか。

　要支援者とは、要支援状態にある人で、要介護者とは、要介護状態にある人です。要支援状態とは、社会的支援を必要とする状態を指し、具体的には、日常生活を送る上で必要となる基本的な動作をとるときに、見守りや手助けなどを必要とする状態です。日常生活を送る上で必要となる基本的な動作とは、食事や排せつ、入浴などです。要支援と認定された場合、日常生活で手助けが必要となる状態を減らすための支援や、要介護状態へと悪化することを防ぐための支援が必要であると判断されたことになります。こうした手助けが、身体上あるいは精神上の障害（心身上の障害）によって生じている場合が対象とされています。要支援者は、要支援状態の度合いによって、要支援1と要支援2に分類されます。

　一方、要介護状態とは、日常生活を送る上で必要となる基本的な動作をとるときに、常時介護を必要とする状態です。こうした手助けが、心身上の障害によって必要となっている場合が対象とされています。要介護の場合には、介護が必要な状態の程度によって、「要介護1」から「要介護5」までの5段階に分かれています。

■■ 要介護認定をする目的

　要介護認定をする目的は、保険者が利用者の介護が必要な程度を把握するためです。

　介護保険では、介護サービスを受けるためには、要介護認定を受けなければなりません。なぜなら、介護保険制度は、要介護度に応じて、介護サービスの量や種類を定めているからです。要介護認定を受けることにより、利用者に必要な量や種類の介護サービスを提供することができるようになります。

　つまり、要介護認定が行われることによって、利用希望者が利用可能である介護サービスの種類や支給限度額の大枠が決定されるという役割を果たしています。たとえば、要介護と認定されるのか要支援と認定されるのかによって、施設サービスの利用の可否が決定されます。その中でも、原則要介護3以上しか利用できない特別養護老人ホームでの施設サービスもあります。また、要介護度に応じて支給限度額という形で利用できるサービスの上限額が決まります。

■■ 要介護認定の判定基準

　要介護認定には、1次判定と2次判定があります。

　1次判定では、調査票などをもとに、コンピュータが判定します。調査票とは、市町村の担当者が申請者宅を訪問し、聞き取り調査を記載した書面です。そして、1次判定の結果や主治医からの意見書などに基づいて、介護認定審査会が2次判定を行います。

　1次判定においては、調査票などから、介護にかかる時間の度合いを算定します。これを要介護認定等基準時間といいます。1次判定は、この要介護認定等基準時間と認知症の状態を基準に要介護度を判定します。要介護認定等基準時間については、次ページで説明します。ここでは、要介護認定等基準時間を算定するために必要となる要素について説明します。

なお、具体的な算定に必要な要素は後述のとおりですが、個々の介護サービスについて、どの程度の時間が必要になるのかを示す基準として用いられているのが、「1分間タイムスタディ・データ」と呼ばれるデータです。「1分間タイムスタディ・データ」とは、特別養護老人ホームや介護老人保健施設などに入所している高齢者約3500人について、48時間の間に、個々の介護サービスにかかった時間の統計をまとめたデータを指します。

■■ 要介護認定等基準時間を算定する

要介護認定の1次判定で要介護状態にあると判定されなかった場合でも、1日の中で要介護認定等基準時間が25 ～ 32分未満またはこれに相当すると認められる状態の申請者は、1次判定で要支援1、1日の中で要介護認定等基準時間が32 ～ 50分未満またはこれに相当すると認められる状態の申請者は要支援2であると判定されます。

こうした介護や手助けに必要となる時間は、要介護認定等基準時間と呼ばれ、1次判定で推計されます。要介護認定等基準時間はコンピュータで推計されたものですが、実際に介護サービスを受けられる時間ではありません。

要介護認定等基準時間として計算される内容には、①直接生活介助、②間接生活介助、③BPSD関連行為（認知症の行動・心理症状）、④機能訓練関連行為、⑤医療関連行為の5つがあります。

直接生活介助とは、入浴や排せつ、食事の介護などで、身体に直接ふれて行うものです。

間接生活介助とは、衣服の洗濯や日用品の整理、コミュニケーションを行うといった日常生活を送る上で必要とされるもので、身体に直接ふれない介助のことです。

BPSD関連行為とは、認知症の行動・心理症状について行われるものです。行動症状とは、暴力や暴言、徘徊や不潔行動といった行為の

ことで、徘徊に対しては探索を行い、不潔行動に対しては後始末をするといった対応をすることになります。心理症状とは、抑うつ症状や不安、幻覚や睡眠障害といった症状のことをいいます。

機能訓練関連行為とは、身体機能の訓練やその補助のことで、たとえば嚥下訓練（飲み込む訓練）の実施や歩行訓練の補助が挙げられます。

医療関連行為とは、呼吸管理や褥瘡処置（床ずれへの処置）の実施といった診療の補助を行うことです。

■■ 要支援1と要支援2について

要支援状態のうち要支援1は、介護保険を受けられる人の区分の中では一番軽い区分です。要支援1の具体的な状態は、日常の基本動作のうち、食事や排せつなどはおおむね自分で行うことができる状態で、立ち上がる時に手助けが必要となることがある状態です。

要支援2の場合は、1次判定では「要介護1相当」と判定されています。この「要介護1相当」と判定された申請者が、2次判定で「要支援2」と「要介護1」に振り分けられます。要支援2と要介護1の要介護認定等基準時間はどちらも32分〜50分未満です。

要介護1相当の状態のうち、次に挙げる状態ではない申請者が要支援2の認定を受けます。

・病気やケガによって心身の状態が安定していない状態
・十分な説明を行っても、認知機能の障害や、思考や感情等の障害によって予防給付の利用が困難な状態
・その他の事柄によって予防給付を利用することが困難な状態

前述した状態にある申請者の場合は、要支援2ではなく、要介護1の認定を受けることになります。

■■ 認知症高齢者の日常生活自立度

認知症高齢者の要支援・要介護状態の認定では、1次判定や2次判

定の際の資料のひとつとして、認知症高齢者の日常生活自立度という基準が用いられています。たとえば、何らかの認知症を有するが、日常生活は家庭内および社会的にほぼ自立しているのであればランクⅠ、日常生活に支障をきたすような症状・行動や意思疎通の困難さが頻繁に見られ、常に介護を必要とするような状態であればランクⅣとなり、要介護認定の判断材料のひとつとなります。

■■ 要介護1〜5について

　要支援認定を受けた場合には予防給付を受けますが、要介護認定を受けた場合には介護給付を受けることができます。

　要介護度は1〜5の区分に分かれています。

　このうち、要介護1については、1次判定で要介護1相当と判定された人をさらに細かい基準で判定した結果、要支援2と要介護1に振り分けています。どちらも要介護認定等基準時間は32分〜50分未満なのですが、要介護1が要支援2と異なる点は、認知症による問題行

■ 非該当・要介護・要支援の内容 ………………………………………

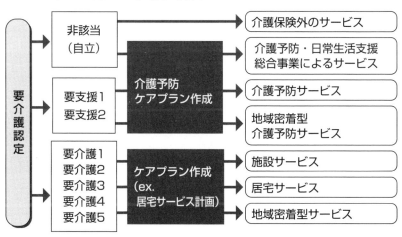

動があったりと、認知症の症状が重い点です。認知症の症状が重いために、排せつや清潔保持、衣服の着脱といった行為の一部に介助が必要となるため、要支援2より重い要介護1と判定されます。

　要介護2には、1日に1回は介護サービスが必要となる状態の人が認定されます。たとえば歩くときや立ち上がるとき、食事や排せつ、清潔保持、衣服の着脱などを行うときに、一部介助が必要な状態であったり、全面的に介助が必要な状態の場合が要介護2に認定されます。要介護者が認知症の場合には、金銭管理や服装管理を行うことが困難な状態も出てきます。

　要介護3は、1日に2回の介護サービスが必要となる程度の要介護状態です。具体的には、起き上がったり寝返りを打つことが、自分ひとりではできない状態です。食事や排せつ、清潔保持、衣服の着脱などを行うときには全面的な介助が必要となります。要介護者が認知症の場合には、大声を出したり物忘れが頻繁になるといった問題行動も見られます。

　要介護4は、1日に2、3回の介護サービスが必要となる程度の要介護状態です。日常生活を送る能力がかなり低下している状態で、寝たきりの場合も含まれます。要介護者が認知症の場合には、理解力低下によって意思の疎通が困難となる場合が多い他、目的もなく歩き回ったり（徘徊）、夜眠らずにいる（昼夜逆転）といった問題行動も増えている状態です。要介護4の場合も食事や排せつ、清潔保持、衣服の着脱などを行うときには全面的な介助が必要とされる状態です。

　要介護5は、日常生活を送る上で必要な能力が全般的に著しく低下していて、1日に3、4回の介護サービスを受ける必要がある状態です。寝たきりであることが多く、生活全般において全面的な介助を必要とします。認知症の場合には、意思の伝達が全くできない程度まで理解力が全般的に低下していて、徘徊や昼夜逆転、夜間に大声で叫ぶといった問題行動が多くなります。

■ 要支援・要介護状態 ....

	要介護認定等基準時間
要支援1	25〜32分未満の状態 25〜32分未満に相当すると認められる状態
要支援2	32〜50分未満の状態 32〜50分未満に相当すると認められる状態
要介護1	32〜50分未満の状態 32〜50分未満に相当すると認められる状態 要支援2に比べ認知症の症状が重いために排せつや清潔保持、衣服の着脱といった行為の一部に介助が必要とされる
要介護2	50〜70分未満の状態 50〜70分未満に相当すると認められる状態 1日に1、2回は介護サービスが必要となる状態
要介護3	70〜90分未満の状態 70〜90分未満に相当すると認められる状態 1日に2回の介護サービスが必要になる程度の要介護状態
要介護4	90〜110分未満の状態 90〜110分未満に相当すると認められる状態 1日に2、3回の介護サービスが必要となる程度の要介護状態
要介護5	110分以上ある状態 110分以上に相当すると認められる状態 日常生活を送る上で必要な能力が全般的に著しく低下しており、1日に3、4回の介護サービスを受ける必要がある状態

※要介護認定等基準時間は、1日あたりに提供される介護サービス時間の合計がモデルとなっています。基準時間は1分間タイムスタディと呼ばれる方法で算出された時間をベースとしています。1分間タイムスタディとは、実際の介護福祉施設の職員と要介護者を48時間にわたって調査し、サービスの内容と提供にかかった時間を1分刻みに記録したデータを推計したものです。

9 要介護認定を受けるための手続きを知っておこう

訪問調査、1次判定、2次判定といったステップがある

■■ 要介護認定の申請をする

　介護保険制度は、介護が必要になった場合にサービスの提供が自動的に開始されるわけではありません。サービスの利用を希望することを自ら申請し、介護を必要とする状態であるとの認定、つまり要介護認定を受けなければなりません。要介護認定においては、介護サービスの利用希望者が、①本当に介護が必要な状態か否か、②現在の心身の状態はどの程度であるのかについて、区分けが行われます。

　要介護認定を受けることを希望する人は、介護保険要介護・要支援認定申請書に所定の事項を記載し、介護保険の被保険者証などの必要書類を添付して、市町村の窓口で要介護認定の申請を行います。

　なお、介護サービスの利用手続きが煩雑であるため、介護を必要とする人が自ら要介護認定の申請を行うことが困難な場合も少なくありません。そこで、地域包括支援センター、居宅介護支援事業者、介護保険施設に対し、介護サービスの利用に関するアドバイスを求める場合があります。これらの機関は、利用希望者の意思に基づき、要介護認定の申請を代行することが認められています。

■■ 訪問調査

　要介護認定の申請が行われると、申請を受けた市町村が利用希望者や家族との面談を行います。具体的には、市町村の職員などが訪問調査員として利用希望者の自宅や入院先などを訪問し、必要事項を調査する形で行われるため、訪問調査と呼ばれています。なお、市町村から委託を受けた法人や個人が訪問調査員となる場合もあります。

訪問調査では、利用希望者の心身の状況や環境に関する項目など、おもに以下の項目についての調査が行われます。

① **身体機能・起居動作**

　日常生活における基本的な動作に関する調査項目です。具体的には、麻痺の有無、寝返りや歩行の可否、視力・聴力などの項目について調査を行います。

② **生活機能**

　日常生活に伴って不可欠な行動に関する調査項目です。具体的には、食事、排尿、上着の着脱などについて、独力で行うことができるか否かを調査します。

③ **認知機能**

　認知機能に関して調査することです。意思の伝達を行うことができるか、記憶力に問題はないかなどの点について調査を行います。

④ **精神・行動障害**

　社会生活を送る上で妨げになる行動をとるおそれがあるかを確認する調査項目です。具体的には、大声をだすか、介護に抵抗するか、感情が不安定になるかなどの有無や頻度を確認します。

⑤ **社会生活への適応**

　社会生活に必要な行動に関する調査項目です。具体的には、薬の内

■ **要介護・要支援認定の手続き** ……………………………………

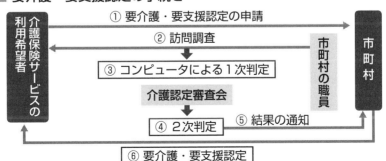

服、金銭の管理、買い物、簡単な調理などの可否を確認します。

⑥　特別な医療

　過去14日間に受けた医療に関する調査項目です。点滴、透析、人工肛門、人工呼吸器などの項目について確認を行います。

■■ 1次判定

　訪問調査では、訪問調査員が、全国一律の認定調査票に、調査項目の結果を記入します。その後、訪問調査票の結果についてコンピュータによる処理が行われます。この処理によって、認知調査表の記入項目に基づいて介護に必要な時間を算出し、要介護・要支援状態区分に該当するか否かの判定を下します。これを1次判定といいます。

■■ 2次判定

　コンピュータ処理に基づく1次判定の結果と、利用希望者の主治医の意見書や特記事項に基づき、要介護・要支援状態区分の審査・判定が行われます。これを2次判定といい、市町村に置かれる介護認定審査会が行います。介護認定審査会は、医療・保健・福祉に関する学識者から構成される機関であり、1次判定で機械的に認定された要介護・要支援認定区分について、専門的知見から、より利用希望者の実態に沿った、きめ細やかな審査・判定を行います。

■■ 認定結果の通知を受ける

　介護認定審査会による判定は、要介護について1から5、要支援について1・2の合計7つの認定区分に従って行われます。この判定結果に基づき、申請から原則30日以内に、市町村が最終的な認定（要介護認定または要支援認定）を行います。認定結果は、認定区分などの事項を被保険者証に記載した上で、被保険者証の返却を通じて利用希望者に通知されます。

10 ケアプランの作成について知っておこう

自分で作成もできるがケアマネジャーに作成を依頼することが多い

■■ 何のために作成するのか

　ケアプランとは、要支援者・要介護者の心身の状況や生活環境などをもとに、利用する介護保険サービス（介護保険に基づくサービス）の内容などを決める計画のことです。ケアプランには、要介護者が受ける在宅サービスについての居宅サービス計画、要介護者が受ける施設サービスについての施設サービス計画、要支援者が受けるサービスについての介護予防サービス計画があります。

　被保険者は、要介護認定あるいは要支援認定を受けると、介護保険サービスを受けることができます。しかし、何らの計画を立てることもなく介護保険サービスを受けることができるとすれば、さまざまな不都合が生じることが考えられます。たとえば、複数の介護保険サービスを必要としているにもかかわらず、訪問介護しか受けられない状況が生じる可能性があります。反対に、訪問介護のみで十分であるにもかかわらず、必要以上の介護保険サービスが受けられるようになる可能性もあります。また、リハビリテーションが必要であっても、症状や生活環境などによって必要となるリハビリテーションの内容は異なります。このように、無計画に介護保険サービスが提供されると、利用者のニーズに対応できなくなる可能性があります。

　そこで、介護保険サービスの提供にあたっては、ケアプランの作成が必要とされています。ケアプランを作成することで、利用者のニーズに適した介護保険サービスの提供を実現することができます。

　ケアプランの作成は利用者本人が行うこともできますが、ケアプランの作成にあたっては専門的知識が必要になるため、専門家のアドバ

イスを受ける（実際に作成してもらう）しくみが用意されており、このしくみをケアマネジメントといいます。また、指定居宅介護支援事業者（要介護者の在宅サービスのケアプランを作成する事業者のこと）または入所先の施設において、実際にケアプランを作成する専門家をケアマネジャー（介護支援専門員）といいます。なお、介護予防サービス計画は、地域包括支援センターの保健師などが作成します。

ケアプランは、利用者やその家族の支援にとって、どのようなサービスが適切かという視点で作成されます。介護の程度は利用者によって異なりますから、利用者ごとに異なるケアプランが作成されます。

ケアプランの原案の作成後、ケアマネジャーを中心に、サービスを提供する事業者や家族が集まるサービス担当者会議（44ページ）での話し合いを経て、ケアプランが決定されます。ケアプランは、たとえば「月曜日の15時〜16時に訪問介護のサービスを受ける」というように1週間単位でスケジュールが組まれます。サービスの種類と提供を受ける際の基準は1週間単位ですが、要介護者や要支援者の行動予定を考える際の基準は1日24時間単位で考えます。その後は、介護保険サービスが利用者のニーズと合わない場合や、介護の状況に変化が生じた場合などは、必要に応じてケアプランが見直されます。

なお、介護保険は申請から認定まで原則として30日の期間がかかります。そのため、認定前の期間でも介護保険の利用に支障が生じないように、要介護度を予想して一時的に利用するケアプラン（暫定ケアプラン）の作成も行われます。

■■ 本人や家族に事情を聞くときの注意点

ケアプランの作成にあたっては、利用者本人のプライバシーや尊厳に対する配慮が必要になるとともに、本人の性格や人間性を知ることも必要です。本人の性格やそれまでの人生を聞くことで、どのようなサービスが適切なのかを判断できることもあります。そこで、本人や

家族の意思を十分に尊重したサービスの提供を行うために、ケアプランの作成時に、本人の歩んできた人生、人生観、大事にしていることなどを聞いてみるとよいでしょう。ただし、他人に話したくない事項もありますから、回答を強要するような聞き方をしないなど、聞き方には気をつけるようにしましょう。

■■ ケアプランのおもな構成要素

　ケアプランのうち居宅サービス計画書は第1表〜第7表、施設サービス計画書は第1表〜第6表によって構成されています。

　たとえば、居宅サービス計画書の中心となるのが、第1表の「居宅サービス計画書(1)」（利用者の基本情報や、総合的な支援の方針などを記載）、第2表の「居宅サービス計画書(2)」（利用者の課題・目標・援助内容を記載）、第3表の「週間サービス計画表」（週単位のサービスと利用者の活動を記載）です。これらに加え、第4表に「サービス担当者会議の要点」、第5表に「居宅介護支援経過」、第6表に「サービス利用票」、第7表に「サービス利用票別表」があります。

■■ ケアマネジャーの変更

　ケアプランに基づいてサービスを提供しようとしても、そのような

■ 自分でケアプランを作成する場合の注意点 ……………………………

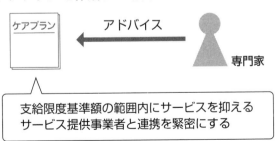

ケアプラン　←　アドバイス　専門家

支給限度基準額の範囲内にサービスを抑える
サービス提供事業者と連携を緊密にする

態度が事務的と思われてしまい、利用者の望むサービスを適切に提供できないケースも起こります。また、人格や性格の問題で、他のケアマネジャーと変更してほしいとの申し出を受けることもあります。

ケアマネジャーの変更の申し出は、利用者がサービスの提供を受けている事業所の管理者に伝えられますから、その際、利用者に変更したいと考えるに至った理由を聞いておくとよいでしょう。また、担当のケアマネジャーがいなくなってしまうと、継続的なサービスの提供に支障が生じますから、新しいケアマネジャーとの契約が済んでいるのかどうかについても聞いておきましょう。

■■サービス担当者会議とはどんなものか

サービス担当者会議とは、利用者、家族、ケアマネジャー、サービス提供事業者、主治医などの関係者が参加して、ケアプランの原案の作成や修正に関する話し合いをする会議です。

介護保険サービスの提供は複数の事業者によって提供されることもありますし、利用者本人や家族の意向を確認した上で提供した方がよいサービスもあります。そこで、ケアプランの作成にあたって関係者が集まり、情報の共有や必要なサービスの確認を行います。

また、ケアマネジャーは、ケアプランに福祉用具貸与について記載する場合には、ケアプランに福祉用具貸与が必要な理由を記載するとともに、必要に応じて随時サービス担当者会議を開催し、継続して福祉用具貸与を受ける必要性を検証することが求められています。

サービス担当者会議は、原則として関係者全員が集まって会議形式で行うのが望ましいですが、出席できない人がいる場合には、電話やメールなどで報告・確認することもできます。特に利用者や家族が出席できない場合には、必ず後で確認をとるようにしましょう。

開催場所は特に定められているわけではないので、地域包括支援センターやサービス提供事業者の施設で実施することが多いです。

■ ケアプラン作成からサービス利用まで ………………………

要介護・要支援認定

▼

要介護・要支援状態区分別の認定通知

▼

ケアプランについて

▼

ケアプランの作成を依頼する　　　　　**ケアプランの作成を依頼しない**

▼　　　　　　　　　　　　　　　　　　　▼

要 支 援 者	要介護者	
介護予防サービス計画のプラン作成依頼	**在宅サービス利用予定者**	**施設サービス利用予定者**
	居宅サービス計画の作成依頼	施設サービス計画の作成依頼
地域包括支援センター	指定居宅介護支援事業者（ケアマネジャー）	入所先の施設（ケアマネジャー）

自分でケアプランを作成する

▼ 届出

市町村の窓口

▼

アセスメント
（要支援者・要介護者の健康状態や日常生活の状況・家族環境などの把握・課題分析）

▼

意見交換
（事業者・要支援者・要介護者・本人の家族）

▼

ケアプラン作成

▼

利用者の承諾

▼

ケアプランに沿ったサービスの提供 ◀

▼

再アセスメント

▼

ケアプラン作成

⋮

11 ケアプランの特徴について知っておこう

要支援者・要介護者向けのケアプランがある

■■要支援認定を受けた人向けのケアプラン

　要支援者（要支援認定を受けた人）が、介護予防サービスを受けるために作成するケアプランのことを介護予防サービス計画（介護予防ケアプラン）といいます。要支援者に対する介護予防のケアマネジメントを担当するのは地域包括支援センターで、ケアプランの作成を担当するのは地域包括支援センターの保健師などです。

　要支援者がサービスを受ける際の手続は、要介護者と同様に、①アセスメント、②ケアプランの作成、③ケアプランに沿ったサービスの利用、④再アセスメントといった流れになります。このうちアセスメントとは、ケアプランを作成する際に行う課題分析のことです。アセスメントの段階では、要支援者が生活する上で解決すべき課題を明確にし、解決のために必要なことを把握します。

　要支援者のためのケアプランは介護予防を目的としており、おおよそ3つのパターンの利用モデルに分けて考えます。そのうち基本型と呼ばれるプランは、閉じこもりがちになったり心身機能が低下したりすることを予防するために作成されます。具体的には、要支援者の自宅に出向いて提供される訪問系サービスから、要支援者が施設に出向くことで提供される通所系サービスへの移行をめざします。

　また、リハビリ対応型と呼ばれるプランも、訪問系サービスであるリハビリを通所リハビリに移行させるねらいがあります。対象となる状況は、医療機関を退院した直後の要支援者で、短期間にあるいは集中的にリハビリを受ける必要がある場合です。その他、医療対応型と呼ばれるプランもあります。これは、長期にわたって医療の提供を必

要とする人のためのプランで、訪問看護などがとり入れられています。

■■ 要介護認定を受けた人向けのケアプラン

　要介護認定を受けた人向けのケアプランには、居宅サービス計画と施設サービス計画の2つがあります。居宅サービス計画は、在宅サービスの提供を受ける場合のケアプランであるのに対し、施設サービス計画は、施設サービスの提供を受ける場合のケアプランです。

　要介護者向けのケアプランの利用モデルとして、通所型、訪問型、医療型などがあります。通所型は、おもに要介護者が自ら施設に出向いてサービスの提供を受けるスケジュールが組まれます。要介護1〜3の人が受ける傾向にあります。一方、訪問型は、おもに要介護者の自宅に事業者の従業者が出向いてサービスを提供するスケジュールが組まれます。要介護1〜5の人のうち状況が合致している人が利用します。医療型は、医療サービスの提供を受ける必要性の高い人が利用するもので、要介護4・5の人の利用がほとんどです。

■■ 施設に入所する場合のケアプラン

　施設に入所する場合は、入所先の施設のケアマネジャーがケアプランを作成します。このケアプランは施設サービス計画といい、利用者が自ら作成することはできません。施設サービスの目的は、原則として要介護者の自宅への復帰です。施設のケアマネジャーは、それぞれの利用者に適したケアプランを作成し、施設のスタッフは、チームを組んで目標達成に向けて施設サービスの提供を行います。

■■ ケアプランに記載されていないサービスを提供できるのか

　ケアプランがサービスの提供前に立てた計画であることを踏まえると、緊急やむを得ない事情が生じ、実際にサービスを提供している段階で別のサービスの提供が必要になることは十分あり得ます。ケアプ

ランで記載しなかったサービスを提供する場合は、そのサービスに介護保険が適用されるかどうかを判断することが必要です。食事の宅配や家政婦による介護などが行われても、介護保険の適用対象とならないことがあります。また、ケアプランに記載されていないサービスの提供によって要介護度ごとに定められた上限額を超えると、超えた分は全額利用者の自己負担になります。ケアプランに記載されていないサービスの提供を原則として認めない市町村もありますので、あらかじめケアプランに記載されていないサービスを利用した場合の取扱いを確認し、利用者や家族に説明しておきましょう。

　ケアプランの作成後、その内容を変更する場合があります。ケアプランの作成後にサービスの提供が開始されますが、その後は、継続的にモニタリングが行われます。モニタリングとは、当初のケアプラン通りで適切なのかどうかを確認する作業です。介護の状況や利用者の環境などは変化することがあるため、ケアマネジャーのモニタリングによって、ケアプランの適切性を随時確認する必要があります。

　ケアマネジャーのモニタリングにより、当初作成したケアプランには記載のないサービスの提供が必要であることが判明する場合があります。たとえば、ケアプランの作成時には発症していなかった病気を発症した場合や、家族構成の変化により今まで通りの介護を受けることができなくなった場合などが考えられます。このような場合、ケアマネジャーによってケアプランが変更されます。

　その他、利用者の状態が悪化する場合も考えられます。ケアプランは、利用者が要介護認定・要支援認定を受け、その結果を基準に作成されます。たとえば、認知症を患っている利用者について、急に症状が悪化した場合や、階段で転び骨を折ってしまった場合など、利用者の状態が悪化すれば、要介護認定の区分の変更が必要になります。

　要介護認定・要支援認定には有効期間があります。新規で要介護認定・要支援認定を受けた場合の有効期間は、原則 6 か月です。有効期

間の満了時に、まだ介護保険サービスの提供を受けることが必要な場合は、更新認定申請をすることができます。更新認定を受けた場合の有効期間は、原則12か月です。一方、有効期間内に利用者の状態が悪化した（または改善した）場合は、認定区分変更申請をすることができます。認定区分変更申請は各市町村にします。その際、主治医の意見書なども添付して申請がなされます。要介護・要支援の認定区分が変わると、提供を受けることができる介護保険サービスの内容が変わります。利用者のニーズに合ったサービスの提供のために、適切な認定区分判定を受けることが重要です。

■ ケアプランの特徴

要支援者向けのケアプラン

■ケアプランの種類
介護予防サービス計画（介護予防ケアプラン）

■プランの作成者
本人
地域包括支援センターの保健師
地域包括支援センターの職員の社会福祉士
地域包括支援センターから委託されたケアマネジャー

■利用モデル
①基本型
閉じこもり・心身機能の低下の予防が目的
訪問系のサービスから通所系のサービスへの移行をめざす
②リハビリ対応型
退院直後に短期間でリハビリを受ける目的
訪問系のリハビリから通所系のリハビリへの移行をめざす
③医療対応型
長期的な医療ケアを受ける目的
訪問看護などを採り入れている

■要支援者向けプランの特徴
介護予防が目的

要介護者向けのケアプラン

■ケアプランの種類
居宅サービス計画
　在宅でサービスを受ける場合のプラン
施設サービス計画
　施設に入所してサービスを受ける場合のプラン

■プランの作成者
居宅サービス計画：本人・ケアマネジャー
施設サービス計画：入所先の施設のケアマネジャー

■利用モデル・特徴
①通所型（居宅サービス計画）
要介護者が施設に出向いてサービスを利用するスケジュール。要介護1～3が多い
②訪問型（居宅サービス計画）
要介護者が自宅でサービスを利用するスケジュール
利用できる状況にある要介護者1～5全般に見られる
③医療型（居宅サービス計画）
医療サービスを受ける必要性の高い要介護者が利用するスケジュール。要介護4・5が多い
④施設サービス計画の場合
要介護者の自宅への復帰が目的
・施設のスタッフがチーム体制で目標達成に向けたサービスの提供を行う
・要介護者が自宅に復帰できるまで随時修正して行う
・要介護者本人はケアプランを作成できない

12 ケアマネジャーについて知っておこう

介護支援専門員のことで、ケアプランの作成がおもな業務

■■ ケアマネジャーとは

　ケアマネジャーとは、介護支援専門員という有資格者のことです。介護保険サービスと利用者との間に公正・中立の立場で介入し、その連絡・調整やケアプランの作成などを行います。

　かつては、介護保険について特定の事業者や特定のサービスに偏りが見られており、適切なサービスが提供されていないという問題点がありました。そのため、利用者のケアプランを作成するケアマネジャーには、公正性・中立性が確保されています。また、ケアマネジャーが特定の事業者からの働きかけに応じてケアプランを作成すると、利用者にとって適切なサービスの提供が困難になり得ます。そこで、ケアマネジャーには、公正性・中立性の他に独立性も確保されています。

　ケアマネジャーの主要な業務は、介護保険の利用者が適切なサービスを受けられるように、サービスの内容を管理すること（ケアマネジメント）です。特に在宅の要介護者に対するケアマネジメントについては、居宅サービス計画を利用者自身が作成することは事実上困難であるため、介護保険法により居宅介護支援の一環として規定されています。居宅介護支援としてのケアマネジメントは、アセスメント、居宅サービス計画の作成、作成した居宅サービス計画の実施に必要な事業者との連絡・調整により構成されています。

　アセスメントとは、利用者の心身の状況や生活環境、利用者本人やその家族の希望などを聴き取った上で、現状における利用者の介護における課題を浮き彫りにすることです。アセスメントに基づき、居宅

サービス計画を作成しますが、サービスの提供が開始された後も継続的にアセスメントを行い、必要によっては居宅サービス計画の変更などを行うことも、ケアマネジャーの重要な役割です。また、利用者の病状が悪化するなどして、利用者に提供されるサービスが複数にわたるようになると、連絡や調整の手間が増えます。ケアマネジャーは、利用者と日頃からこまめに情報交換しておくことが重要です。

■■ ケアマネジャーは選べる

　ケアマネジャーのおもな業務はケアプランの作成です。要支援者の場合は、ケアプランの作成を地域包括支援センターが行うため、利用

■ ケアマネジャーについて ……………………………………………

ケアマネジャーになるための条件

- 以下の国家資格等の業務に5年以上かつ900日以上従事している
  医師　歯科医師　薬剤師　看護師　保健師　理学療法士　作業療法士　介護福祉士　社会福祉士　精神保健福祉士　あん摩マッサージ指圧師　はり師　きゅう師　栄養士　管理栄養士　義肢装具士　言語聴覚士　歯科衛生士　視能訓練士　柔道整復師
- 相談援助業務（生活相談員・支援相談員・相談支援専門員・主任相談支援員）に5年以上かつ900日以上従事している
- 上記のいずれかを満たした上で、介護支援専門員実務研修受講試験に合格し、介護支援専門員実務研修を修了している

ケアマネジャー制度の特徴

- 公正性・中立性の確保　● 資質・専門性の向上
  ①5年ごとの資格更新制度の導入
  ②研修受講の義務化と研修の体系化
  ③二重指定制の導入
  　各事業所に対して所属しているケアマネジャーの届出の義務化
  　各ケアマネジャーの作成したケアプランのチェック
  ④主任ケアマネジャーの創設

者自身がケアマネジャーを選択する必要はありません。

　これに対し、要介護者が介護サービスを利用するにあたり、ケアプランの作成をケアマネジャーに依頼する場合、基本的に利用者自身でケアマネジャーを選ぶことができます。

　ケアマネジャーを選ぶ上では、利用者の話を詳しく聴き取り、利用者のニーズを的確に把握できる人が最適であることはいうまでもありません。また、利用者が希望する介護サービスに関して十分な知識や経験を持っている人を選ぶことが重要です。ケアマネジャーは持っている資格や業務経験などに応じて得意分野は異なります。ケアマネジャーの多くは介護福祉士などの資格を持っています。看護師などの医療系資格を持っている人もいますので、介護サービスの他に医療関係のサービスを手厚く受けたい場合は、医療系資格を持っているケアマネジャーを選ぶことも考えられます。かかりつけの医師からケアマネジャーの紹介を受けられる場合もあります。

■■ ケアマネジャー以外にどんなスタッフがいるのか

　利用者が介護サービスを受ける施設などには、ケアマネジャーの他にも、医師や看護師などの医療スタッフや、場合によっては必要な手続きのサポートのために行政職員が働いています。

　介護サービスに焦点を当てると、ケアマネジャーの他にもヘルパーや生活相談員などのスタッフが挙げられます。ヘルパーは、要介護者の自宅または施設で、利用者の介護や日常生活上の世話などの支援を行います。ヘルパーが提供する支援の内容はケアプランによって決められています。ヘルパーはケアプランに定められた支援のみを行うのが原則です。ただし、突発事態が発生した場合は、ケアマネジャーの指示に従い、ケアプラン外の支援を行う場合もあります。一方、生活相談員は、利用者の金銭的事情や家族関係に関する問題についての相談に応じ、利用者や家族に助言などを行う役割を担っています。

13 利用者の負担する費用について知っておこう

安定した運用のためには利用者自身が利用料を負担することも必要

■■ 利用者はどのくらいの費用を負担するのか

　介護保険制度を運用するための費用は、利用者となりうる被保険者と市町村、都道府県、国が負担しています。具体的には、費用の50％を市町村や都道府県、国からの税金、残り50％を被保険者からの保険料で賄うことになります。

　税金に関しては、国が25％、都道府県が12.5％、市町村が12.5％ずつをそれぞれ負担します（施設サービスに関しては、国が20％、都道府県が17.5％、市町村が12.5％を負担）。また、市町村において、保険料の未納者の増加やサービス利用者の急増などにより、介護保険に充てる財源が不足した場合には、資金を交付したり、貸し付ける制度も設けられています（財政安定化基金といいます）。

　保険料に関しては、被保険者の間で負担額に格差があることは望ましくないため、すべての被保険者が実質的な負担が同程度になるように配慮されています。令和6年度（2024年度）から令和8年度（2026年度）においては、第1号被保険者が負う負担率は23％であり、第2号被保険者が負う負担率は27％であると政令により規定されています。

■■ 区分支給限度額とは

　介護保険は無限に利用できるのではなく、認定の度合いによって給付額の上限が定められています。このように、介護保険で利用できるサービスの費用の上限を区分ごとに定めたものを区分支給限度基準額といいます。区分支給限度基準額は、利用者の要介護状態に応じて月額で金額が定められており、原則として厚生労働大臣が定めます。

ただし、市町村は、条例で定めることによって、厚生労働大臣が規定する金額よりも、高額な区分支給限度額を設定することができます。

　そのため、多くの利用者は区分支給限度基準額の範囲で、介護サービスを利用するケースが多いといえます。区分支給限度基準額内で在宅サービスを利用した場合、利用者の本人負担割合はサービスの費用の1割ですが（所得の状況により、2割、3割負担となる場合もある）、区分支給限度基準額を超えて利用した場合には、その超えた金額は全額自己負担となります。在宅サービスの区分支給限度基準額については、次ページの図を参照してください。なお、区分支給限度基準額は、在宅サービスを受ける場合に設定されているもので、施設サービスの場合には設定されていません。

■■ 高額介護サービス費とは

　在宅サービスの利用料の自己負担額が高額になった場合や、施設サービスでの自己負担額が高額になった場合には、高額介護サービス費として、市町村から払戻しを受けることができます。高額介護サービス費が設けられた目的は、介護サービスの利用控えを防ぐ目的もあります。というのも、介護を受ける必要が高い人は、サービスを受ければ受けるほど、自己負担額が大きくなっていきます。そのため、低所得者は特にサービス利用に対して謙抑的になりやすく、その結果、本当に介護サービスが必要な人に対して、必要十分な介護サービスが行き渡らなくなる可能性があります。そこで、高額介護サービス費により、十分なサービスを受ける機会を保障しています。高額介護サービス費として市町村から払戻しを受ける基準となる自己負担額の上限（月額）は、利用者の世帯の所得状況によって段階的に設定されています。

　なお、同一世帯に複数の利用者がいる場合には、その複数の利用者の自己負担額を合計した金額をもとに高額介護サービス費 が計算されます。

高額介護サービス費の払戻しを受けるためには、市町村への申請が必要となります。

■■ 低所得者に対する利用者負担の軽減について

　介護サービスの利用者負担は、原則として費用の１割ですが、利用者が低所得である場合には、１割部分の負担でも大きな負担になります。そこで、おもに市町村を中心に、低所得者を対象に、介護サービス利用者負担額の軽減措置を設けています。

① 利用者負担軽減制度

　一定の要件を満たす低所得者が、介護サービスを利用した場合に、市町村が利用者負担額などの一部を助成する制度です。たとえば、東京都では、「生計困難者等に対する利用者負担額軽減事業」として、おもに以下の要件を満たす低所得者について、介護サービスの利用者負担額に対する助成を行っています。・住民税非課税世帯であること
・年間収入が150万円以下であること（単身世帯の場合）
・預貯金などの額が350万円以下であること（単身世帯の場合）

■ 在宅サービスの利用料の支給限度額・利用者負担限度額 ………

要介護(支援) 状態区分	支給限度額	利用者負担 限度額（１割）	利用者負担 限度額（２割）	利用者負担 限度額（３割）
要支援1	50,320円	5,032円	10,064円	15,096円
要支援2	105,310円	10,531円	21,062円	31,593円
要介護1	167,650円	16,765円	33,530円	50,295円
要介護2	197,050円	19,705円	39,410円	59,115円
要介護3	270,480円	27,048円	54,096円	81,144円
要介護4	309,380円	30,938円	61,876円	92,814円
要介護5	362,170円	36,217円	72,434円	108,651円

※支給限度額・利用者負担限度額の数値は、令和元年10月１日以降のものです

・日常生活に必要な資産以外に活用できる資産がないこと

・親族などに扶養されていないこと

・介護保険料を滞納していないこと

　具体的には、低所得者が、介護サービス事業所を利用した場合に、利用者が負担する介護サービス費、食費、居住費等に関して4分の1にあたる金額について助成します。利用にあたっては、あらかじめ東京都に軽減実施事業所として届け出ていたサービス事業所を利用することが必要です。

② 　特定入所者介護サービス費

　一定の低所得者について、介護保険施設の利用料における、食費と居住費の軽減が認められる制度です。次ページの図にあるように、それぞれの負担段階区分に応じて自己負担の上限が定められており、利用者はその分を支払うだけですみます。基準費用額と自己負担分の差額が特定入所者介護サービス費として支給されます。

　支給対象は、負担段階区分の第1段階から第3段階の者です。

■■ 保険料の支払滞納者にもサービスが提供されるのか

　介護保険料の納付は国民の義務ですので、滞納があるとさまざまな方法で徴収が行われます。まず、滞納があると保険者である市町村から督促状などによる請求が行われます。それでも支払われない場合は滞納保険料に延滞金が加算され、場合によっては貯蓄や不動産といった財産を差し押さえられることもあります。

　また、介護サービスを受けているにもかかわらず、介護保険料を1年以上支払っていない人に対しては、いったん介護サービスの利用料を全額本人に負担してもらい、申請によって保険給付分を返還するという形でサービス提供が行われます。これを償還払いといいます。被保険者が1年6か月以上保険料を滞納すると、今度は本来払い戻されるはずの保険給付分が滞納保険料に充当されます。つまり、保険給付

は一時差止めということになり、滞納保険料が支払われるまで介護サービスの代金を利用者が自己負担することになります。

　利用者が保険料を納めることができる期間は2年ですので、2年経過するとその期間の保険料の納付は認められなくなります。この場合、未納期間に応じて自己負担が1割から3割に増加するなどの措置がとられます。なお、自己負担割合が3割の場合は、4割に増加します。

　事業者としても、各市町村に問い合わせ、利用者が保険料を滞納したときのサービスの提供について確認しておくのがよいでしょう。

■ 施設サービスの利用料の自己負担額・目安 ……………………………

	要介護1	要介護2	要介護3	要介護4	要介護5
介護老人福祉施設 （従来型個室）	589円	659円	732円	802円	871円
介護老人保健施設（Ⅰ） （従来型個室・基本型）	717円	763円	828円	883円	932円
Ⅰ型介護医療院（Ⅰ） （従来型個室）	721円	832円	1,070円	1,172円	1,263円

※ 厚生労働省「介護報酬の算定構造」（令和6年4月介護報酬改定）を基にして掲載
　 表中の金額は該当施設を1日利用した場合の利用者の自己負担額の目安
　 施設サービスの種類により、かかる費用は異なってくる

■ 特定入所者介護サービス費が支給される場合の自己負担額の上限（日額）

段階	ユニット型個室	ユニット型個室的多床室	従来型個室（特養）	従来型個室（老健）	多床室（特養、老健）	食費
第1段階	820円	490円	320円	490円	0円	300円
第2段階	820円	490円	420円	490円	370円	390円 （600円）
第3段階①	1,310円	1,310円	820円	1,310円	370円	650円 （1,000円）
第3段階②	1,310円	1,310円	820円	1,310円	370円	1,360円 （1,300円）

※ （　）内は、短期入所生活介護または短期入所療養介護を利用した場合の額です

相 談 第１号被保険者に関する２割負担の対象者の範囲拡大

Case 65歳になる高齢者です。介護サービス利用時の65歳以上の２割負担の範囲拡大についての法改正が検討されているそうですが、その概要や問題点について教えてください。

• •

回 答 令和７年（2025年）には団塊の世代がすべて75歳以上になることを踏まえて、厚生労働省は、社会保障審議会介護保険部会などにより、介護保険の第１号被保険者（65歳以上の高齢者）に関する２割負担の対象者の範囲を拡大する（２割負担の対象となる「一定以上の所得」のラインを引き下げることで、対象者の範囲を拡大する）べきかについて、さまざまな議論を重ねているところです。

しかし、令和６年３月末日現在、２割負担の対象者の範囲拡大は、「2027年度（令和９年度）の第10期介護保険事業計画期間の開始までの間に結論を出す」として、結論が先送りされています。その理由としては、利用者負担が増えることで、介護サービスを受ける必要のある人が利用を控えてしまうのではないかという懸念の声が上がっていることや、令和４年（2022年）に後期高齢者医療制度の自己負担割合に２割負担（一定以上の所得がある者に限る）が導入された上に、介護保険の利用者負担まで引き上げるのは、高齢者の生活に大きな不安が生じ、生活状況が悪化するとの意見があることが挙げられます。

その一方で、現役世代の保険料負担はすでに限界に達しており、現役世代が負担しなければならない保険料の上昇を抑制するという観点から、高齢者の利用負担額の見直しが必要であるとの声や、能力に応じて皆で支え合うという観点から、負担能力のある高齢者には、その能力に応じた適切な負担を求め、低所得の高齢者に配慮しつつも、65歳以上の高齢者は原則２割負担とした上で、３割負担の対象者も拡大すべきという意見も挙げられています。

14 介護給付と予防給付について知っておこう

予防給付は介護状態の予防を目的としている

■■ 要介護認定を受けた人が利用するのが介護給付

　介護保険制度では、常に誰かの介護を必要とする状態にあると判断されると、要介護認定を受けます。要介護認定は、どの程度の介護を必要とするかによって、要介護1～5の5段階に分かれます。

　要介護認定を受けた人は、居宅サービス、施設サービス、地域密着型サービスという介護給付を利用することができます。要介護者のケアプランはケアマネジャー（介護支援専門員）が作成します。介護給付にかかる費用のうち、原則として9割は介護保険でまかなわれますが、ホテルコスト（施設サービスなどを利用するときにかかる食費や光熱費といった費用）は原則として自己負担とされています。これは在宅サービスで食費などが発生した場合も同様です。

　施設サービスに含まれる施設（介護保険施設）には、介護老人福祉施設、介護老人保健施設、介護医療院があり、施設を利用する場合は施設サービス計画というケアプランが作成されます。

■■ 介護給付におけるサービスの種類

　介護給付におけるサービスについては、居宅サービス、地域密着型サービス、施設サービスに大きく分類することができます。

① 居宅サービス

　居宅サービスには、職員（ヘルパーや看護職員など）が利用者の自宅を訪れて提供するサービスと、利用者が施設に通い提供を受けるサービスがあります。具体的には、おもに以下のサービスがあります。

・訪問介護

・訪問入浴介護

・訪問看護

・訪問リハビリテーション

・居宅療養管理指導

・通所介護

・通所リハビリテーション

・短期入所生活介護

・短期入所療養介護

・特定施設入居者生活介護

② 地域密着型サービス

　地域密着型サービスとは、利用者が住み慣れた地域の中で、なるべく自宅で生活を継続できるように提供されるサービスです。サービスを提供する事業者は、原則として利用者が居住する市町村に所在することを要します。具体的には、おもに以下のサービスが挙げられます。

・定期巡回・随時対応型訪問介護看護

・夜間対応型訪問介護

・地域密着型通所介護

・認知症対応型通所介護

・小規模多機能型居宅介護

・認知症対応型共同生活介護（グループホーム）

・地域密着型特定施設入居者生活介護

・地域密着型介護老人福祉施設入所者生活介護

・複合型サービス（看護小規模多機能型居宅介護）

③ 施設サービス

　施設サービスとは、利用者が施設の中でサービスの提供を受けるものですが、なるべく自宅に近い環境を作り出し、個々の利用者の生活時間を尊重してサービスが提供されます。施設サービスを提供するのは、以下の3つの施設です。かつては施設サービスに含まれていた介

護療養型医療施設は、令和5年度末をもって廃止されています。

・介護老人福祉施設（特別養護老人ホーム、特養）

・介護老人保健施設（老健）

・介護医療院

■■ 要支援の人が利用するのが予防給付

　要支援認定を受けた人の場合は、要支援の状態から自立した生活ができるようにするために、あるいは要介護の状態にならないよう予防するために、ケアプランが作成されます。要支援の認定を受けた人が提供を受けることができるサービスを予防給付といいます。

　予防給付は、介護が必要となる状態を予防するためのもので、あらかじめケアプランを作成してから提供されます。このケアプランを介護予防サービス計画（介護予防ケアプラン）といい、地域包括支援センターの職員（保健師など）が作成します。

　要支援認定を受けた人が利用できるサービスは、在宅サービスと地域密着型サービスの一部で、施設サービスは利用できません。予防給付の各サービスの内容は、要介護認定を受けた人が受けるサービスとほぼ同じですが、各サービスを利用できる場所については、通所サービスが中心となります。ただし、通所サービスを利用することが難しい場合は、訪問サービスが認められます。

　予防給付の場合、サービスを提供する側は、要支援認定を受けた人をいつまでに改善・自立させるかという成果が求められ、その達成の度合いを評価されるしくみになっています。目標が達成されるとサービスの提供が打ち切られ、状況が変わらないとケアプランの見直しが行われます。見直しの結果によっては、同じサービスを継続して提供することもあります。また、状況が悪化して要介護認定を受けた場合には、提供されるサービスは前述した介護給付に変更となります。

▪▪ 予防給付におけるサービスとは

予防給付におけるサービスについては、居宅サービスと地域密着型サービスに大きく分類することができます。施設サービスは介護給付のみが提供するサービスですので、予防給付として施設サービスの提供を受けることはできません。

① 居宅サービス

予防給付における居宅サービスに該当する介護予防サービスには、以下のサービスが挙げられます。

・介護予防訪問入浴介護
・介護予防訪問看護
・介護予防訪問リハビリテーション
・介護予防居宅療養管理指導
・介護予防短期入所生活介護
・介護予防通所リハビリテーション
・介護予防短期入所療養介護
・介護予防特定施設入居者生活介護

② 地域密着型サービス

予防給付における地域密着型サービスに該当する地域密着型予防サービスには、以下のサービスが挙げられます。

・介護予防認知症対応型通所介護
・介護予防小規模多機能型居宅介護
・介護予防認知症対応型共同生活介護（グループホーム）

▪▪ 福祉用具のレンタル・販売、住宅改修

要介護・要支援の認定を受けている人の中には、車いすやスロープなどの福祉用具を必要とする場合もあります。そのため、介護保険には居宅サービスの一環として、福祉用具をレンタル（123ページ）、販売（124ページ）するサービスもあります。福祉用具のレンタル（貸

与）・販売を行うのが福祉用具供給事業者です。また、在宅で生活する高齢者が支障なく生活できるように、事業者が住宅改修のサービスを提供することもあります（129ページ）。

■ 介護給付と予防給付の種類 ……………………………………………

居宅サービス	**訪問介護**　※介護予防訪問介護は地域支援事業へ移行 （介護予防）訪問入浴介護 （介護予防）訪問看護 （介護予防）訪問リハビリテーション （介護予防）居宅療養管理指導 **通所介護**　※介護予防通所介護は地域支援事業へ移行 （介護予防）通所リハビリテーション （介護予防）短期入所生活介護 （介護予防）短期入所療養介護 （介護予防）特定施設入居者生活介護 （介護予防）福祉用具貸与
地域密着型 サービス	**定期巡回・随時対応型訪問介護看護** **夜間対応型訪問介護** **地域密着型通所介護** （介護予防）認知症対応型通所介護 （介護予防）小規模多機能型居宅介護 （介護予防）認知症対応型共同生活介護 地域密着型特定施設入居者生活介護 地域密着型介護老人福祉施設入所者生活介護 複合型サービス（看護小規模多機能型居宅介護）
施設サービス （介護給付のみ）	介護老人福祉施設（特養） 介護老人保健施設（老健） 介護医療院　※平成30年（2018年）4月に創設
ケアプラン	居宅介護支援、介護予防支援　※ケアプランの作成

15 地域包括ケアシステムの実現に向けた動きを知っておこう

住み慣れた地域で医療や介護などを一体的にケアするしくみ

■■ 地域包括ケアシステムとは

　高齢化の進行が進むわが国では、今後、ますます介護が必要になる高齢者の人数の増加が予測されています。介護施設や介護職員の不足への対応も必要になりますが、高齢者が住み慣れた地域で可能な限り生活を継続できるしくみの構築が必要です。そこで、地域包括ケアシステムの構築が推進されています。

　地域包括ケアシステムとは、介護サービスにとどまらず、関連したサービスを利用者に一体的に提供する体制です。高齢者が住み慣れた地域を離れることなく、その地域での生活を送る中で必要なサービスをすべて受けることができる、総合的なサービス提供体制の構築をめざしています。「団塊の世代」と呼ばれる年代の人が75歳以上に到達し、ますます高齢者の人口比率が高まる令和7年をめどに、地域包括ケアシステムの本格的な導入をめざしています。

　地域包括ケアシステムは、①介護、②医療、③介護予防、④生活支援、⑤住まいという5つの要素から構成されています。これら5つの構成要素のうち、⑤住まいが土台になり、高齢者が住み慣れた地域から離れず、最期まで生活し続けたいとの選択を最大限尊重する制度の設計が求められています。その上で、③介護予防、④生活支援に関するサービスを充実させ、特に高齢者が重度の要介護状態に陥ることを防止し、自立した生活をより継続できるように支えるしくみを充実させることをめざしています。また、①介護、②医療は、要介護状態に陥った高齢者に対し、必要な介護サービスやリハビリテーションを提供するとともに、必要な医療・看護に関するサービスを充実させ、地

域生活の継続をサポートする体制を充実させることをめざしています。

▓▓なぜ地域包括ケアシステムを構築する必要があるのか

　地域包括ケアシステムを構築する必要性として、前述の高齢化社会への対応が挙げられます。特に認知症を患った高齢者の増加が見込まれ、そのような高齢者が地域生活を継続していくためには、介護や医療など多角的なサポート体制の確立が重要です。

　また、高齢化社会の進行の度合いは、地域によって格差があるのも事実です。たとえば、過疎地域など人口の過半数が高齢者である限界集落のある市町村では、多くの高齢者に対する適切な介護サービスなどを確保することが喫緊の課題になります。一方、都市部では、高齢者の人数は過疎地域などに比べて少ないですが、人口減少の傾向が顕著である地域においては、高齢者の医療や介護などに多くの人手を割くことができないという事情があります。

　このように、高齢化社会への対応と一口にいっても、地域ごとに異なる実情を考慮せず、一律の対応を図ることはできません。地域包括ケアシステムを構築することで、市町村が、その地域の実情に適した高齢者のケアシステムの構築を、無理なく進めることができるようになります。

▓ 地域包括ケアシステム（介護と医療の連携）··························

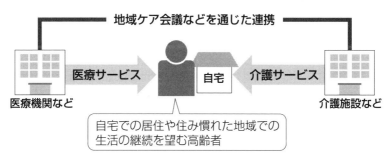

地域ケア会議などを通じた連携

医療サービス　自宅　介護サービス

医療機関など　　　　　　　　　　　　　　　介護施設など

自宅での居住や住み慣れた地域での
生活の継続を望む高齢者

■■ どんなことに取り組むのか

　地域包括ケアシステムの特徴的な取組みとして、介護と医療の連携が挙げられます。高齢者が日常生活を送る上で必要なサポートは、基本的に介護サービスとして提供し、その高齢者が重篤な状態に陥るなどして医療サービスが必要になった場合は、介護・医療機関が速やかに連携し、必要な医療サービスを提供しようとするものです。

　現在推進されている地域包括ケアシステムの制度設計は、高齢者に必要な介護施設や医療機関を30分程度でアクセスできる距離に設置します。その上で、介護サービスが必要な場合は、介護サービス事業所から介護サービスの提供を受け、病気になった場合はかかりつけの病院を受診します。自宅での生活が困難な状態になった場合は、入院可能な医療機関を速やかに利用します。このように、介護・医療機関はそれぞれ独立してサービスを提供しているのではなく、相互に連絡・調整を図りながら、高齢者の状態などの情報を共有し、有機的にサービスの提供を行うことに介護と医療の連携の意義があります。

　また、地域包括ケアシステムにより個々の高齢者のニーズに応える支援を行うためには、「自助・共助・互助・公助」（4つの助）を連携させていくことが大切とされています。

■■ どのように運営されていくのか

　地域包括ケアシステムは介護・医療機関の連携が重要で、その前提として、①高齢者の生活上のニーズや課題の把握、②地域の関係者による対応策の検討、③サービスの提供・見直しというサイクルを回す必要があります。その重要な役割を担う機関として、地域ケア会議が設置されています。地域ケア会議は、地域包括支援センターなどが主催する、市町村の職員、介護施設のケアマネジャー、医師などが参加する会議で、地域における多職種のネットワークの構築や、高齢者のケアに必要な情報の共有が図られることになります。

16 地域支援事業によるサービスを利用した場合について知っておこう

要介護状態等に陥る前の段階で受けられるサービス

地域支援事業とはどんな制度なのか

　地域支援事業とは、介護保険制度のサービスの一環として行われる介護予防サービスです。介護給付が、おもに要介護認定を受けた人を対象に提供されるサービスであるのに対し、地域支援事業は、要支援や要介護の状態になる前、あるいは重度の要介護状態になる前の段階に焦点を当てて、高齢者に対する効果的な予防サービスを提供することを目的にしています。そのため、地域支援事業が展開する事業は、おもに以下の2つが中心になります。

① 　利用者（被保険者）が要介護状態等（要支援あるいは要介護の状態）になることを予防するための事業

② 　利用者が要介護認定等（要支援あるいは要介護の認定）を受けた後も、要介護状態等を軽減し、あるいは要介護状態等の悪化を防止し、可能な限り住み慣れている地域で自立した日常生活を継続できるように支援する事業

どんな種類があるのか

　地域支援事業は、要介護状態等に陥るのを予防することを主要な目的に掲げているため、都道府県が指定などを行う予防給付と役割が重複する部分がありました。そこで、予防給付に含まれる介護予防訪問介護と介護予防通所介護が地域支援事業に移行された他、介護予防事業について、介護予防・日常生活支援総合事業（総合事業）が整備されました。現在の地域支援事業は、①介護予防・日常生活支援総合事業（156ページ）、②包括的支援事業（160ページ）、③任意事業（163

ページ）の3種類に分類することができます。

　なお、令和5年（2023年）成立の介護保険法改正で、上記の②に該当する事業として、利用者の保健医療の向上や福祉の増進（医療・介護サービスの質の向上）を図るため、介護情報基盤を整備して、利用者、介護サービス事業者その他の関係者が、利用者に関する情報を共有・活用することを促進する事業が追加されました。もっとも、この事業は令和9年（2027年）までに導入される予定であり、令和6年（2024年）3月末日現在、厚生労働省の「健康・医療・介護情報利活用検討会　介護情報利活用ワーキンググループ」において、共有する情報の具体的な範囲などの検討が進められています。

■■ どんな特徴があるのか

　介護保険制度のサービスは、全国一律の基準に従ってサービスの提供が行われるのが基本です。しかし、地域支援事業は、利用者が可能な範囲で地域生活を継続できるように、地域ごとに必要な支援を行う制度です。そこで、地域の実情に詳しい市町村が実施主体になっています。利用者の実態に合わない場合もある一律の基準ではなく、実施するサービスの内容などについて、地域の利用者のニーズを考慮しながら柔軟にサービスの提供が可能になっています。

■ 地域支援事業とは ･････････････････････････････････････

地域支援事業

利用者が<u>要支援・要介護状態に陥ることを防ぎ</u>地域生活の継続を可能にするべく必要な支援を行う事業
　⇒要介護認定などを受けた者を対象にする介護給付などとは異なる

〈3種類の事業に分類〉
① 介護予防・日常生活支援総合事業
② 包括的支援事業
③ 任意事業

17 介護サービスの情報公表システムについて知っておこう

地域で提供されている介護サービスをいつでも検索できる

■■ 介護サービス情報公表システムとは

　介護サービス情報公表システムとは、介護サービス事業所に関する情報を掲載しているインターネット上のサービスです。厚生労働省が運営しています。日本全国にある約21万か所の介護サービス事業所に関する情報について、24時間・365日いつでも誰もが検索・閲覧できます。そのため、介護サービスの利用を希望する本人（利用者）はもちろん、利用者の家族などが、利用者に適した介護サービス事業所を検索・閲覧し、比較検討する場合に用いることが可能です。

　介護サービス情報公表システムに掲載されているおもな情報として、以下のものが挙げられます。都道府県を選択して検索すると、全26種類54サービス（令和6年3月現在）について、以下の情報を閲覧できます。

・事業所の概要

　提供している介護サービスの種類、事業所の名称・所在地・電話番号、運営方針、サービス提供地域、営業時間などの閲覧が可能です。

・事業所の詳細

　介護サービス事業所は1年に1回、必要な情報を都道府県に対して報告する義務を負います。この報告に基づき、介護サービス事業所の詳細な情報として、提供している介護サービスの一覧、介護サービスの利用料、設備状況、関係医療機関、従業者に関する事項などが掲載されます。特に利用料は概算料金の試算も可能です。

・事業所の特色や運営状況

　介護サービスの利用希望者が事業所を選ぶ際に、文字情報のみで決

定すると、後からイメージと実際のサービスとの間に食い違いがあったなどのトラブルが発生するおそれがあります。このようなトラブルを少しでも避けるため、事業所のサービス提供の様子や、事業所独自の取組みについて、写真や動画を閲覧することもできます。

　また、「利用者の権利擁護」「サービスの質の確保への取組み」「相談・苦情等への対応」「安全・衛生管理等」「従業員の研修等」などの項目について、0～5点でポイント化され、バランスシートで運営状況を示しています。これにより、事業所の運営状況の比較も容易です。

■■ 訪問調査の実施

　介護サービス情報公表システムに掲載されている情報は、いずれも利用者にとって重要なものですから、情報の内容に誤りがあったり、虚偽の報告に基づいて情報を掲載したりすることは許されません。

　そこで、介護サービス事業所が新規の指定または指定の更新を受けた場合や、介護サービス事業所から報告を受けた内容に虚偽の疑いがある場合、都道府県は、その介護サービス事業所に対して訪問調査を実施することができます。そして、訪問調査の結果を介護サービス情報公表システムに反映することが認められています。

■ 介護サービス情報公表システムの掲載情報 ………………………

事業所の概要
- 介護サービス事業所の名称・住所・電話番号、運営方針、営業時間など

事業所の詳細
- 介護サービスの一覧、介護サービスの利用料、設備状況、関係医療機関に関する情報など

事業所の特色や運営状況
- 事業所のサービス提供の様子や、事業所独自の取組みについて写真や動画
- 事業所の運営状況（バランスシートの掲載）

18 介護保険と各種制度の優先関係について知っておこう

原則として介護保険の適用が優先される

■■ 医療保険と介護保険の優先関係を知っておく必要がある

　たとえば、ある高齢者が歩行困難になってきたため、病院に入院しているとしましょう。病院では医療サービスの提供が中心である一方で、食事や排せつを自力で行うことが困難な高齢者は、医療サービスと同程度に、あるいは場合によってはそれ以上に、介護サービスの提供を望む場合が少なくありません。わが国は高齢化社会が深刻な問題になっており、医療サービス以上に、介護サービスの需要の高い高齢者が増加していくことが見込まれています。

　このように、医療サービスと介護サービスは分離が難しく、重なり合う部分が多くあります。法制度においても、かつては医療保険（公的医療保険）の中で、高齢者に対する介護が提供されていました。

　しかし、一般に高齢者の介護は長期間に渡ることが多く、医療費における高齢者介護費用の割合が増加することや、医療サービスではなく介護サービスの提供が中心で長期間入院する高齢者が多くいることから、介護による入院の長期化（社会的入院）が問題視されていました。

　そこで現在では、医療保険とは独立した介護保険（公的介護保険）の制度が確立されています。これにより、社会的入院の問題の解消の他に、高齢者にとっても、画一的なサービスの提供を病院で受けるのではなく、必要な介護サービスを自ら選択し、自宅での日常生活を続けるなど、生活環境の変化を抑えながら介護サービスの提供を受けられるしくみが整えられているといえます。したがって、医療保険と介護保険のどちらが適用されるのかが問題となった場合、原則として介護保険が優先して適用されることになります（介護保険優先）。

■■ 医療保険と介護保険の優先関係の例外

　介護保険と医療保険のどちらが適用されるのかが問題になった場合、例外的に医療保険が優先して適用されるケースもあります。その典型的なケースとして、末期ガンの患者に対する訪問看護などが挙げられます。病状回復の見込みがない末期ガンの患者などは、病状の進行に合わせて必要なケアが変わっていく一方で、ケアの内容も繊細さが要求されます。また、介護保険では利用額の上限があるため、一定程度以上のサービスを利用した場合、利用者本人が上限額以上の費用を負担しなければなりません。しかし、医療保険では上限額の設定が行われていないため、利用者本人が重い経済的負担を強いられることなく、必要な医療サービスを受けることができます。

　その他には、厚生労働大臣が指定した疾病など（多発性硬化症、重症筋無力症、スモン、筋萎縮性側索硬化症、脊髄小脳変性症、ハンチントン病、進行性筋ジストロフィーなど）にかかっている場合に、介護保険よりも医療保険が優先して適用されるケースがあります。

■■ 障害者総合支援法と介護保険との関係

　介護サービスの提供という観点から見ると、介護保険に基づくサービス（介護保険サービス）の他に、障害者総合支援法に基づく障害福祉サービスがあります。高齢化社会の進行に伴い、65歳以上の障害者の人口が増加しているため、65歳前から障害福祉サービスの提供を受けていた障害者が、介護保険サービスの保険者としての資格をあわせ持つことが起こっています。そのため、介護保険サービスと障害福祉サービスのうち、特に自立支援給付は内容的に重複が見られるため、どちらを優先的に適用すべきなのかが問題になります。

　障害者総合支援法は、この場合に備えて、障害福祉サービスに相当する介護保険サービスがある場合、原則として介護保険サービスが優先的に適用される（介護保険サービスを優先的に利用する）ことを規

定しています。ただし、例外的に障害福祉サービスの利用が優先される場合もあります。その一つとして、介護福祉サービスの中に障害福祉サービスと同様のサービスがない場合が挙げられます。

　たとえば、行動援護や就労移行支援は、障害者福祉サービスにはあるのに対し、介護福祉サービスの中には該当するサービスがありません。このように、利用者に必要なサービスが障害福祉サービスの中にしかない場合には、障害者福祉サービスが優先的に適用されます。

　なお、介護保険制度においては、介護保険サービスの利用者は、原則１割の自己負担額を支払わなければなりません。これに対し、障害福祉サービスにおいては、一律に自己負担額の割合が決定されておらず、利用者の経済力に応じて負担可能な金額を支払うことでサービスを利用することができます。そのため、障害福祉サービスを継続的に利用していた人が65歳を迎え、介護保険サービスの被保険者の資格を取得し、介護保険サービスの適用に移ることで、以前よりも高額な金額の自己負担額の支払いが必要になる場合があります。そこで、障害福祉サービスを長期的に利用していた人が、介護保険サービス移行に伴う負担の増加を軽減するため、新高額障害福祉サービス等給付費の支給が行われています。

■ 介護保険と各種制度の優先関係 ……………………………………

医療サービス
【医療保険】

介護保険サービス
【介護保険】

障害福祉サービス
【障害者総合支援法】

【原則】介護保険が優先
⇒末期ガン患者や厚労大臣
　指定の疾病などの患者は
　例外的に医療保険が優先

【原則】介護保険が優先
⇒介護保険にないサービ
　スなどは例外的に障害
　者福祉サービスが優先

相 談 介護保険と労災保険との関係

Case 私は介護保険の被保険者の資格を持っています。通勤中に事故に遭い、介護が必要な状態になりました。通勤中の事故ということもあり、労働災害（通勤災害）として、労災保険の適用対象に含まれると思います。この場合、介護保険と労災保険に基づく介護給付の関係について教えてください。

回答 労働者が、通勤中に遭った傷害や疾病に対して、労働者災害補償保険法（労災保険法）に基づく補償を受けることができます。これが労災保険です。労働者が通勤中の事故によって重度の障害が残り、介護が必要な状態に陥ることもあります。その場合には、労災保険において、介護給付の支給が認められています。

　具体的には、障害年金あるいは傷病年金の受給資格を持つ労働者が、たとえば、胸腹部臓器の機能に著しい障害が残るような事故に遭い、常時あるいは随時介護が必要になった場合には、介護給付として一定の金額が支給されます。

　原則として、介護保険よりも、労災保険における介護給付が優先的に適用されます。つまり、介護給付が支給されている場合には、原則として介護保険給付を受けることはできません。

　ただし、介護給付には上限額（月額単位）が設定されています。たとえば、親族、知人・友人の介護を受けていない労働者について、常時介護が必要な場合には177,950円が支給され、随時介護が必要な場合には88,980円が支給されます（令和6年4月以降）。

　そのため、介護給付を受給している労働者が、介護給付の上限額を超えて、介護サービスの提供を受けようとしている場合で、その金額が介護保険の給付の範囲に含まれる場合には、例外的に介護保険の給付を受けることが可能になります。

19 介護保険外サービスの活用と混合介護について知っておこう

介護保険サービスと介護保険外サービスの併用ができる

■■ 介護保険外サービス（保険外サービス）とは

　介護保険外サービス（保険外サービス）とは、介護保険の対象から外れるサービスのことです。保険外サービスの提供を受けた場合の利用料は、その全額を利用者が負担しなければなりません。

　たとえば、訪問介護において、利用者がサービス提供事業者に対してペットの散歩を任せたときや、通所介護において、介護施設内で散髪などの利用サービスなどを受けたときなどの例が挙げられます。

■■ 混合介護は認められているのか

　利用者は、介護保険の対象に含まれるサービスと、保険外サービスとを併用して利用できます。これを混合介護といいます。

　また、介護保険の対象に含まれるサービスであっても、混合介護の対象に含まれる場合があります。介護保険サービスは上限なく受けることができず、支給限度額が決められているからです。そのため、介護保険の対象に含まれるサービスを受給していても、支給限度額を超えたサービスの利用は、利用者自身が全額について利用料を負担しなければなりません。この場合も混合介護の問題になります。

　医療保険の場合は、医療保険の対象に含まれる診療サービスと併用して、対象外の診療サービスを受ける（混合診療）ことが認められていません。混合介護が認められることは、利用者の側にとって、介護保険の枠組みにとらわれずに、自身が望む生活スタイルの中で必要なサポートを受けることができるというメリットがあります。また、利用者が保険外サービスを広く受けられることになれば、その分、介護

に時間を割かなければならない同居家族などの介護者の負担が軽減されることも、混合介護のメリットだといえます。

　事業者の側としても、これまで提供してきたサービス以外のサービスの提供が可能であり、付加的に提供したサービスについて、収益の増加を見込むことが可能になります。

　一方、混合介護にはデメリットもあります。利用者側のデメリットとしては、サービスの多様化により選択肢が広がる反面、自分にとって必要なサービスの選択に迷う可能性があります。それ以上に、介護保険サービスの自己負担額以外の費用が必要になるため、利用料の負担が増加するというデメリットが、一番大きな問題だといえます。

　介護保険制度は、誰もが必要になる可能性が高い介護保険サービスの提供を、公平に受けるためのしくみとして機能しています。しかし、混合介護が認められる範囲が広くなればなるほど、利用者の負担額は増加するため、経済的に余裕がある人のみが混合介護を利用できる制度となるおそれが高く、介護保険制度の公平性に反する結果になりかねません。また、サービスを提供する事業者側にとっても、定型外のサービスの提供に応じなければならないという物理的負担の他、個別の対応が必要にならざるを得ず、提供するサービスの内容においても介護保険制度の公平性を害する危険があります。

■■ 厚生労働省による通達とは

　厚生労働省は、混合介護のデメリットに対応するため、通達により以下のような枠組みを示しています。

① 訪問介護について

　訪問介護における混合介護については、介護保険サービスである訪問介護と保険外サービスを明確に区分することが求められます。したがって、訪問介護と同時一体的に保険外サービスを提供することは認められません。一方、訪問介護の前後に連続して保険外サービスを提

供することは認められます。その他、訪問介護について、混合介護の提供を行う事業者は、おもに以下の対応をとることが求められます。

・保険外サービスの運営方針や利用料などを、指定訪問介護事業所の運営規程とは別に定めること
・訪問介護の契約締結前に、保険外サービスの内容、提供時間、利用料などについて、文書で説明を行い、利用者の同意を得ること
・訪問介護と保険外サービスを切り替えるタイミングを利用者に説明するなど、両者が別サービスであるのを利用者に認識させること
・介護保険のサービスと保険外サービスの会計を区分すること

② 通所介護について

　通所介護についても、訪問介護において事業者に求められる取扱いが同様にあてはまります。また、散髪（理美容サービス）や施設に併設している医療機関の受診以外にも、健康診断や予防接種、買い物代行など、混合介護の対象に追加されるサービスが示されています。

■ 混合介護において事業者に求められること ……………………

【混合介護に共通して事業者が対応すべき事項】
・介護保険サービスと保険外サービスの明確な区分
・介護保険サービスとは別に運営方針や利用料などを定めること
・保険外サービスについて契約締結前に文書で説明し、利用者の同意を得ること
・介護保険サービスと保険外サービスの切替えのタイミングを説明すること
・介護保険サービスと会計を区分すること

※通所介護について
散髪や施設に併設している医療機関の受診以外に、健康診断や予防接種、買い物代行などが混合介護の対象に追加

■■ サービスに苦情があるときどうすればいいか

　介護保険サービスに関する苦情については、大きく分けて、介護保険サービスの内容に関する不服と、市町村が関与する介護認定結果に対する不服に分類できます。ここではまず、介護保険サービスの内容に関する不服について見ていきましょう。

　利用者が、実際に介護保険サービスを利用した後、事業者の対応やサービスの内容に関して苦情がある場合には、まず、介護保険サービスを提供した事業者に対して苦情を申し出ることになります。事業者は、あらかじめ利用者に対して、苦情の申し出ができることや、苦情を申し出る窓口などについて示しておかなければならず、利用者は、あらかじめ示された窓口に対して苦情を申し出ることになります。

　事業者は、利用者からの苦情に対して、迅速かつ適切に対応しなければならないことはもちろん、申し出のあった苦情や、その苦情への対応などに関して記録を残しておくことが必要です。問題が事業者内部では解決できず、後述する国保連や運営適正化委員会における手続きなどに発展した場合、苦情の内容や事業者が苦情に対していかなる対応をとったのかを事後的に検証することを可能にするためです。

■■ 国保連や運営適正化委員会はどんなことをするのか

　介護保険サービスを提供する事業者が設ける苦情窓口は、あくまでも事業者内部の機関にすぎないため、苦情への対応について十分な公平性・客観性を期待することが難しいといえます。また、利用者が直接事業者に対して苦情の申し出をしにくい場合もあります。

そこで、都道府県が設置する国民健康保険団体連合会（国保連）や都道府県の社会福祉協議会が設置する運営適正化委員会に対して、介護保険サービスに関する苦情を申し出ることが可能です。国保連は介護保険サービスなどに特化した苦情相談窓口であるのに対し、運営適正化委員会は福祉サービス全般についての苦情相談窓口です。

国保連は、苦情を受け付けた後、事業者の運営する施設の調査などを踏まえて、必要に応じて事業者に対して指導を行い、その結果を利用者に通知します。一方、運営適正化委員会は、あっせんを通じて利用者と事業者の話し合いによる解決を図ります。

■■ 市町村の決定に不服がある場合

介護保険サービスの内容ではなく、市町村が行った介護認定結果に不服がある場合は、行政不服審査法が規定する審査請求を行うことができます。事業者によるサービスの提供とは異なり、介護認定は市町村（行政）が個別の利用者（私人）に対して行う、権利・利益の変動を伴う行政処分に該当するためです。具体的には、市町村から介護認定結果の通知を受けてから3か月以内に、都道府県が設置する介護保険審査会に対して、審査請求を申し立てることができます。

■ 介護サービスに関する不服申立てのしくみ ·······················

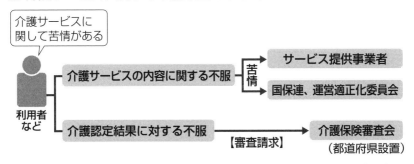

Column

民間の介護保険の活用も検討する

　介護費用保険とは、被保険者が介護を必要とする状態になったときに、公的介護保険だけでは賄えない費用を補てんするための民間の介護保険です。介護費用保険については、販売する保険会社によって保障内容が違います。具体的には、次のような保険金支給の種類があり、単独で扱う商品もあれば、これらを組み合わせている商品もあります。

① **年金型**

　要介護状態になったと認定された場合に、年金と同じく、月々いくらという形で保険金を受け取ることができます。

② **一時金型**

　要介護状態になったと認定された場合や、要介護状態から回復した場合など、所定の状態になると一時金を受け取ることができます。

③ **実費補てん型**

　介護サービスの利用にかかった費用や住宅改修費用、介護用品の購入にかかった費用など、実際にかかった費用を受け取ることができます（限度額あり）。

　なお、介護費用保険の場合、保険金を支払うべき「要介護状態」の認定が保険会社によって異なります。保険金の支払いが始まるのは、180日程度要介護状態が続いた後とする保険会社が多いです。中には、公的介護保険の要介護認定とは別に独自の基準を定めている保険会社もありますので、注意してください。最近では、認知症に特化した商品や、要支援状態でも保険金の支払いが受けられる商品など、現代のニーズに対応したものがありますので、活用するとよいでしょう。

第2章

事業者が提供する
介護サービスの種類

1 介護保険が適用されるサービスについて知っておこう

要介護者を対象とするサービスは大きく3つに整理される

■■ どんなサービスがあるのか

　介護保険が適用されるサービスは、要介護者を対象とする介護給付、要支援者を対象とする予防給付に大きく分類されます（その他に地域支援事業もあります）。どちらのサービスも、居宅サービス、施設サービス、地域密着型サービスの3つに整理されています（施設サービスは予防給付の対象外）。

　居宅サービスとは、利用者の自宅で提供される訪問サービス、利用者が自宅から施設に通って提供を受ける通所サービスなど、利用者の住まいが自宅の場合に利用可能なサービスです。短期入所サービスなども居宅サービスに含まれます。一方、施設サービスとは、利用者が生活の中心を施設で過ごす場合に提供を受けるサービスです。また、地域密着型サービスとは、利用者が住み慣れた地域から離れることなく、生活を継続することができるように提供されるサービスです。

　以下、介護保険サービスのメインともいえる、居宅サービスと施設サービスについて、詳しく見ていきます。

■■ 訪問サービス

　居宅サービスの中でも、要介護者が自宅でサービスの提供を受けるものが訪問サービスです。訪問サービスには、訪問介護、訪問入浴介護、訪問看護、訪問リハビリテーション、居宅療養管理指導、特定施設入居者生活介護などがあります。

■■ 通所サービス

　通所サービスとは、居宅サービスのうち、要介護者が通所介護事業所に出向いてサービスの提供を受けるもので、通所介護（デイサービス）と通所リハビリテーションに分けられます。このうち、通所リハビリテーションの提供を行うことのできる施設は、病院や介護老人保健施設、診療所といった医療機関や施設に限られます。また、サービスを提供する人も、医師や理学療法士、作業療法士、言語聴覚士の他、一定の経験を積んだ看護職員（看護師・准看護師）など、通所介護サービスに比べるとより専門的なスタッフが配置されています。

■ 要介護者が利用できる訪問サービス ……………………………………

訪問介護 （ホームヘルプ）	ホームヘルパー（訪問介護員）が要介護者の自宅に出向く 要介護者の身体介護・生活援助
訪問入浴介護	入浴車で要介護者の自宅に出向く 入浴車にて入浴の介護を行う
訪問看護	病状は安定しているが、日常生活に支障がある人が対象 要介護者の自宅に看護師などが出向く 看護師などが主治医の判断に基づいて療養上の世話などを行う
訪問 リハビリテーション	理学療法士・作業療法士が要介護者の自宅に出向く 要介護者の心身機能の維持回復、自立の手助けが目的 理学療法・作業療法などによるリハビリテーションを行う
居宅療養管理指導	退院した要介護者の自宅に医療や栄養学の専門家が出向く 専門家は医師・歯科医師・薬剤師・管理栄養士・歯科衛生士など 療養上の管理・指導・助言を行う
特定施設入居者生活介護	特定施設（有料老人ホームなど）に入居している要介護者が対象 日常生活上の支援や介護を行う

■■ 短期入所サービスとは

　短期入所サービスは、ショートステイとも呼ばれる居宅サービスであり、短期入所生活介護と短期入所療養介護があります。いずれも要介護者を介護している家族の介護負担を減らすことが目的です。もっとも、短期入所療養介護の場合、要介護者が入所する施設は介護老人保健施設や病院などに限定されます。

■■ 施設サービスとは

　施設サービスは、居宅サービスと異なり、利用者が生活の場として施設を利用し、その中で必要な介護サービスや、場合によっては医療サービスを受けることができます。施設サービスが提供されるのは、介護老人福祉施設（特別養護老人ホーム）、介護老人保健施設、介護医療院といった介護保険施設です。施設サービスについては、対象者が要介護者に限定される点に注意が必要です。

■ 短期入所サービスと施設サービス ……………………………………

短期入所サービス（ショートステイ）	■ 短期入所生活介護	
	対象	：認知症や中重度の要介護者
	目的	：要介護者を介護している家族の介護負担を減らすこと
	入所する施設	：特別養護老人ホームなど
	特徴	：施設に短期間入所し、身体介護・日常生活の支援などを受ける居宅サービス
	■ 短期入所療養介護	
	目的	：家族から介護の負担を減らすこと
	入所する施設	：介護老人保健施設や病院など
	特徴	：身体介護・日常生活の支援・機能訓練を受ける他、医療施設の場合には医療的な処置を受ける
施設サービス	特徴	：特別養護老人ホーム・介護老人保健施設などに長期間入所する場合

2 共生型サービスについて知っておこう

介護保険サービスと障害福祉サービス等の一体的提供が可能になる

どんなサービスなのか

　共生型サービスとは、障害福祉サービス等（障害者総合支援法や児童福祉法に基づくサービス）の利用者が65歳（特定疾病の場合は40歳）に達して、介護保険制度の対象者になっても、引き続き同じ事業者からサービスを受けることができるしくみです。利用者側から見ると、障害者が原則65歳以上になった後も、引き続き自身が使い慣れている事業者を利用できるメリットがあります。

　事業者側から見ると、介護保険サービスまたは障害福祉サービス等のいずれかのサービスの指定を受けていた場合に、もう一方の内容が共通するサービスの指定も受けやすくなったことを意味します。事業者が、地域の実情や自らの経営状態をはじめとする環境などを考慮し、必要に応じて、双方の事業者としての指定を受けるか否かの選択ができます。そのため、事業者に過度な負担を負わせることなく、地域の実情に合わせて、効率的なサービスの提供が可能になります。

　以上から、共生型サービスは、限りある福祉関係の人材を効率的に配置することができるサービスとしての役割を期待されているといえます。なお、共生型サービスの前提として、障害福祉サービス等と介護保険サービスとの間に重複が見られる場合、介護保険法に基づく後者のサービスが優先的に適用されます（介護保険優先）。

対象者・対象サービス

　共生型サービスの対象者は、介護保険制度の対象者になる前に、障害福祉サービス等を利用していた人です。ただし、すべての介護保険

サービスが共生型サービスの対象になるわけではない点に注意が必要です。具体的には、以下のように、障害福祉サービス等と内容において共通点が認められる介護保険サービスのみが対象になります。

① **訪問介護**

障害福祉サービス等のうち、居宅介護や重度訪問介護との共通点が認められます。

② **通所介護・地域密着型通所介護**

③ **小規模多機能型居宅介護・介護予防小規模多機能型居宅介護・看護小規模多機能型居宅介護のうち通いサービス**

障害福祉サービス等のうち、生活介護、自立訓練（機能訓練・生活訓練）、児童発達支援、放課後等デイサービスとの共通点が認められます。ただし、生活介護は主として重症心身障害者を通わせる事業所を除き、児童発達支援と放課後等デイサービスは主として重症心身障害児を通わせる事業所を除きます。

④ **短期入所生活介護・介護予防短期入所生活介護**

⑤ **小規模多機能型居宅介護・介護予防小規模多機能型居宅介護・看護小規模多機能型居宅介護のうち宿泊サービス**

障害福祉サービス等のうち、短期入所との共通点が認められます。

■■ 基準や報酬

共生型サービスは、障害福祉サービス等の利用者が原則65歳以上になった場合、引き続き同じ事業者による介護保険サービスを受けることを可能にすることに意義があります。そこで、サービスを提供する事業者が共生型サービスに対応するには、障害福祉施設としての基準を満たすのと同時に、介護保険施設としての基準も満たすのであれば、共生型サービスを提供する際に問題は生じないといえます。

しかし、障害福祉施設と介護保険施設とでは、要求される基準に差異があるため、一方の基準を満たさない場合があります。たとえば、

障害福祉施設として生活介護サービスを提供する事業者は、主として以下の基準を満たす必要があります。

・専従の管理者の配置が必要です（非常勤でもかまいません）。

・看護職員、理学療法士、作業療法士、生活支援員の総数は、利用者の区分に応じ、ⓐ～ⓒのように基準が異なります。なお、いずれの場合も、生活支援員は常勤を1名以上配置することを要します。

  ⓐ 平均障害支援区分が4未満の場合：常勤換算方法で、利用者6名に対して1名（6：1）以上の配置が必要です。

  ⓑ 平均障害支援区分が4以上5未満の場合：常勤換算方法で、利用者5名に対して1名（5：1）以上の配置が必要です。

  ⓒ 平均障害支援区分が5以上の場合：常勤換算方法で、利用者3名に対して1名（3：1）以上の割合の配置が必要です。

・訓練や作業室は、訓練や作業に支障のない広さが必要です。

　これに対し、介護保険施設として通所介護サービスを提供する事業者は、主として以下の基準を満たす必要があります。

・常勤かつ専従の管理者の配置が必要です。

・介護職員は、利用者5名に対して1名（5：1）以上の割合の配置が必要です（利用者数が15人までの場合は1名以上配置）。また、

■ 共生型サービスとは   ....

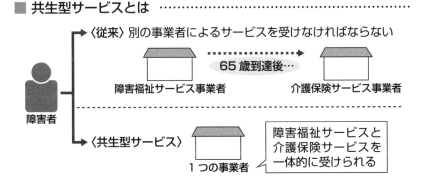

常勤の介護職員を1名以上配置することを要します。

・食堂や機能訓練室の面積は「3㎡×利用定員数」以上が必要です。

　以上のように、障害福祉施設と介護保険施設とを比較すると基準の異なる部分があるため、どちらの基準も満たす場合や、一方の基準は満たしても他方の基準は満たさない場合があります。つまり、以下の①〜③のように3つに区分することができます。

①　介護保険、障害福祉の基準をどちらも満たす場合（共生型サービスⅠ）

②　介護保険、障害福祉のいずれかの基準のみを満たし、満たさない方のサービスの質や専門性を一定程度備えている場合（共生型サービスⅡ）

③　介護保険、障害福祉のいずれかの基準のみを満たす場合（共生型サービスⅢ）

　それぞれで、報酬の算定において差異が設けられています。①の場合は、介護保険と障害福祉の制度から、通常どおりの報酬を受けることができます。②の場合は、共生型サービスの報酬を受けることができます。ただし、①の場合に比べて報酬が減額されますが、職員の配置などにより加算を受けることもできます。

　③の場合も同様に報酬が減額されます。現行の障害福祉の基準該当サービスと同じような扱いとなります。具体的には、障害福祉サービス事業所（生活介護、自立訓練、児童発達支援、放課後等デイサービスに限る）が、基準を満たさない通所介護を提供する場合は、それぞれの事業所に応じて基本報酬から5〜10%減額されます。短期入所の障害福祉サービス事業所が、基準を満たさない短期入所生活介護を提供する場合は、基本報酬から8%減額されます。居宅介護を提供する事業所が、基準を満たさない訪問介護サービスを提供する場合は、訪問介護費と同じ報酬となりますが、訪問介護員の資格により7%または30%減額されます。

■■ どのようにプランをつくるのか

　共生型サービスの内容についてプランを作成する場合は注意点があります。それは、障害福祉サービス等のプランを作成するのは相談支援専門員であるのに対し、介護保険サービスのプランを作成するのはケアマネジャー（介護支援専門員）であり、プランの作成担当者が異なる点です。共生型サービスでは、双方のサービスを提供する必要があるため、相談支援専門員とケアマネジャーが情報を共有し、相互に連携をとる体制を確保することが重要といえます。

■■ すべてのサービスが受けられるわけではない

　共生型サービスは、障害福祉サービス等と介護保険サービスの相互に共通性が認められるサービスを、利用者に対して一体的に提供することができます。共生型サービスは、主として以下のように分類されています（カッコ内は当てはまる介護保険サービスです）。

■ 共生型サービスの対象 ………………………………………………

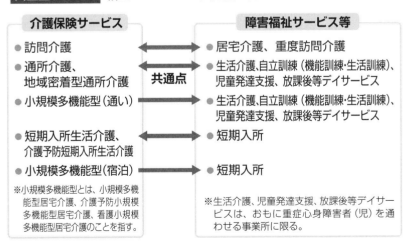

共生型サービス 相互のサービスの共通点が認められる範囲で認められる

介護保険サービス		障害福祉サービス等
● 訪問介護	⬌	● 居宅介護、重度訪問介護
● 通所介護、地域密着型通所介護	共通点	● 生活介護、自立訓練（機能訓練・生活訓練）、児童発達支援、放課後等デイサービス
● 小規模多機能型（通い）	⬌	● 生活介護、自立訓練（機能訓練・生活訓練）、児童発達支援、放課後等デイサービス
● 短期入所生活介護、介護予防短期入所生活介護	⬌	● 短期入所
● 小規模多機能型（宿泊）	→	● 短期入所

※小規模多機能型とは、小規模多機能型居宅介護、介護予防小規模多機能型居宅介護、看護小規模多機能型居宅介護のことを指す。

※生活介護、児童発達支援、放課後等デイサービスは、おもに重症心身障害者（児）を通わせる事業所に限る。

① ホームヘルプサービス（訪問介護）

② デイサービス（通所介護、地域密着型通所介護）

③ ショートステイ（短期入所生活介護、介護予防短期入所生活介護）

④ その他のサービス（小規模多機能型居宅介護、介護予防小規模多
機能型居宅介護、看護小規模多機能型居宅介護）

なお、④については、通い・訪問・泊まり（宿泊）といったサービ
スの組み合わせを一体的に提供するサービスが当てはまります。

■ 共生型サービスの内容 ……………………………………………

共生型サービス

❶ ホームヘルプサービス（訪問介護）

訪問介護員などが、利用者の居宅において入浴・排せつ・食事
などの介護の他、調理・洗濯・掃除などの家事サービスを提供

❷ デイサービス（通所介護など）

入浴・排せつ・食事などの介護の他、生活上の相談や助言などの
提供、創作・生産活動、日常生活上の機能訓練などを提供

❸ ショートステイ（短期入所生活介護など）

一時的に利用者が施設を利用することができるサービス

❹ その他のサービス（小規模多機能型居宅介護など）

施設への通いサービスを基本に、必要に応じて、利用者の居宅へ
の訪問サービスや、施設への宿泊サービスを提供

3 居宅介護支援・介護予防支援とはどのようなものか

利用者と介護サービス事業所との間の連絡調整やケアプラン作成を行う

■■ 居宅介護支援とは

居宅介護支援とは、要介護認定を受けた利用者の心身の状況や置かれている環境、利用者やその家族の希望を考慮して、ケアプランを作成するサービスです。ケアプランの作成に向けたサービス担当者会議の開催やアセスメントなども行います（44ページ）。ケアプランは利用者が自ら作成することもできますが、介護保険制度への理解が不十分であることや、介護サービス事業所との連絡調整が難しいことから、居宅介護支援事業所に任せるのが一般的です。

居宅介護支援の担い手は、居宅介護支援事業所のケアマネジャーです。ケアマネジャーは、公平中立の立場で、利用者と介護サービス事業所との間の連絡調整を行います。また、ケアプラン作成後は、実施状況をチェックするため利用者宅などを訪問します。なお、ケアマネジャー1人当たりの担当件数には制限があり、担当件数を超える依頼は受けられません。令和6年（2024年）4月以降、ケアマネジャー1人当たりの担当件数は、原則として44件が上限です（ケアプランデータ連携システムの活用および事務職員の配置を行う事業所においては49件が上限です）。

居宅サービスの利用者は、ケアプランを作成するとともに、市町村に届出をしなければなりません。しかし、利用者がケアプランを作成しない場合、介護サービス事業所を運営する事業者は、市町村からサービス利用料を直接支払ってもらう方式（代理受領方式）を利用できません。これは事業者にとってデメリットが大きいですが、利用者にとっても重大な問題であることに注意が必要です。代理受領方式を

利用できない場合、利用者が事業者に対してサービス利用料の全額をいったん支払わなければならず（償還払い方式）、それが利用者にとって大きな金銭的負担になるおそれがあるためです。

■■ 介護予防支援とは

　介護予防支援とは、要支援認定を受けた利用者と介護サービス事業所との間の連絡調整や、介護予防ケアプランの作成などを行うサービスです。介護予防支援の担い手は、地域包括支援センターのケアマネジャーです。なお、令和6年（2024年）4月施行の法改正で、居宅介護支援事業所が、市町村からの指定を受けて、介護予防支援を実施できるようになりました。指定を受けた居宅介護支援事業所は、市町村や地域包括支援センターと連携して介護予防支援を行うことになります。

■■ 介護報酬について

　ケアプランを作成する居宅介護支援事業所の報酬は、介護保険から全額支払われ、利用者の自己負担はありません。ケアプラン作成は中立的に行うべきだからです。つまり、利用者負担を導入すると、利用者の希望が中心となり、適切な質・量の介護サービスの利用ができなくなる可能性があるということです。

　たとえば、居宅介護支援費は、ケアプランデータ連携システムの活用および事務職員の配置を行う事業所には「居宅介護支援費（Ⅱ）」が適用され、それ以外の事業所には「居宅介護支援費（Ⅰ）」が適用されます。令和6年（2024年）4月以降の居宅介護支援費の単位数は、要介護1・2が1,086単位、要介護3～5が1,411単位です。なお、介護支援専門員1人当たりの取扱件数が、前者の（Ⅱ）の場合は50件以上、後者の（Ⅰ）の場合は45件以上になると、単位数が逓減されます。

　この他、主任介護支援専門員を複数人配置したり、24時間連絡体制を確保したりするなど、質の高いケアマネジメントを提供する事業所

は特定事業所加算を取得できます。また、病院や診療所と必要な情報を提供する場合、中山間地域の利用者にサービスを提供する場合などの加算も認められています。

居宅介護支援事業者の指定を受けるための基準

居宅介護支援事業者（居宅介護支援を行う事業者）として市町村から指定を受けるためには、一定の要件を満たす法人であること（法人格を有すること）が必要です。おもな要件は次のとおりです。

① 登記上の事業目的に居宅介護支援事業を行うことが明確に記載されている
② 居宅介護支援事業所ごとに常勤のケアマネジャーを1名以上配置している
③ 居宅介護支援事業所ごとに管理者として常勤専従の主任ケアマネジャーを配置している（ケアマネジャーでも可とする経過措置あり）
④ 事業を行うために必要なスペースが確保されている
⑤ 事務机、鍵付書架、パソコンなど、居宅介護支援事業を行うにあたって必要な備品が確保されている

■ 居宅介護支援のしくみ ………………………………………

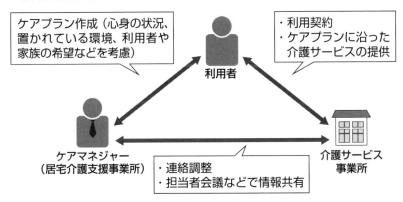

訪問介護・訪問入浴介護・居宅療養管理指導について知っておこう

利用者が自宅に住んでいながら利用できるサービス

■■ 訪問介護とは

　訪問介護（ホームヘルプサービス）は、訪問介護員（ヘルパー）が要介護者の自宅に出向いて、要介護者が日常生活を送る際の手助けを行うサービスです。訪問介護の内容として、入浴介助、排せつ介助、食事介助、衣服の着脱の援助、身体の清拭、洗髪などの身体介護が挙げられます。また、掃除、調理、洗濯、買物などの要介護者の日常生活に必要な援助を行う生活援助や、通院時などにおける乗車・降車の介助（通院等乗降介助）、要介護者の身上相談、生活や介護についての相談を受けたり助言を行ったりすることも含まれます。

　現在、高齢社会の急速な進展に伴い、訪問介護をはじめとする介護給付の利用者が増加しています。そこで、要介護あるいは要支援状態になることの予防を中心とする、市町村が主体になって行う地域支援事業として、介護予防・生活支援サービス事業が提供されています。

■■ 介護報酬について

　訪問介護のおもな介護報酬は、次のように設定されています（令和6年4月以降の介護報酬）。

① **身体介護**

・20分未満の利用の場合：163単位

・20分以上30分未満の利用の場合：244単位

・30分以上1時間未満の利用の場合：387単位

・1時間以上の利用の場合：567単位（以後、30分増ごとに82単位増）

② **生活援助**

・20分以上45分未満の利用の場合：179単位

・45分以上の利用の場合：220単位

③　**通院等乗降介助**

　1回につき97単位

▉▉ 訪問入浴介護とは

　入浴は身体を清潔に保つ他、心身のリラックス効果なども期待できますが、在宅で自宅の浴槽では入浴するのが困難な人の介護を行う家族にとっては負担の大きい作業になります。このような場合に利用されるのが、数人の介護職員や看護師が、浴槽を持ち込んで入浴サービスを提供する訪問入浴介護です。訪問入浴介護の目的として、利用者の身体を清潔に保つとともに、心身の機能の維持と回復を図ることが挙げられます。また、入浴面での援助を行うことで、要介護状態にある利用者が、可能な限り自宅で生活を続け、自己の能力を活かして自律した生活を送ることを支援する一環にもなっています。

▉▉ 介護予防訪問入浴介護とは

　要支援者を対象とした訪問入浴介護です。訪問入浴介護は、寝たきりなどの理由で、一般家庭の浴槽では入浴が困難な人を想定したサービスです。そのため、要介護度4、5の人がサービス利用者の大半を占めており、要支援者が訪問入浴介護を利用するケースはそれほど多くはないようです。要支援者が訪問入浴介護を利用する理由の多くは、ⓐ自宅に浴槽がない、ⓑ家族や訪問介護での入浴介助が困難、ⓒ感染症のおそれがあって通所介護の浴槽が使えない、などです。

▉▉ 介護報酬について

　訪問入浴のおもな介護報酬は、要介護度によって次のように設定されています（令和6年4月以降の介護報酬）。

・要介護1～5の場合（訪問入浴介護）：1回につき1266単位
・要支援1～2の場合（介護予防訪問入浴介護）：1回につき856単位

■■ 居宅療養管理指導とは

　在宅で生活する要介護者の中には、本来通院して療養すべきところ、さまざまな事情で思うように通院できない人もいます。このような状況にある人に対し、医師や歯科医師、もしくは医師や歯科医師の指示を受けた薬剤師・管理栄養士・歯科衛生士などの専門職が、療養に関する管理、指導などを行うことを居宅療養管理指導といいます。居宅療養管理指導の対象者は、在宅療養中で要介護度1～5の人です。要支援者を対象とした居宅療養管理指導のことを介護予防居宅療養管理指導といいます。なお、平成30年（2018年）の介護保険制度改正に伴い、看護職員が行う（介護予防）居宅療養管理指導が廃止され、あわせて訪問介護ステーションでの（介護予防）居宅療養管理指導も終了しました。

■■ 介護報酬について

　居宅療養管理指導のおもな介護報酬は、以下のように要介護度による単位の違いはありませんが、サービスを提供する専門家、専門家を派遣する事業所の種類などによって、その単位が異なります（令和6年4月以降の介護報酬、同年6月以降は1単位引上げ）。
①　医師の場合：1回につき514単位
②　歯科医師の場合：1回につき516単位
③　薬剤師の場合：1回につき565単位（病院などに勤務する薬剤師）
　　　　　　　　　1回につき517単位（薬局に勤務する薬剤師）
④　管理栄養士の場合：1回につき544単位（当該指定居宅療養管理指導事業所の管理栄養士が行った場合）、1回につき524単位（当該指定居宅療養管理指導事業所以外の管理栄養士が行った場合）

⑤　歯科衛生士の場合：１回につき361単位

　いずれのサービスも月に何回でも提供できるわけではなく、医師、歯科医師、病院に勤務する薬剤師、管理栄養士の場合は月２回、薬局に勤務する薬剤師、歯科衛生士の場合は月４回などのように、提供回数の上限が定められています。

■■訪問介護事業者としての指定を受けるための認定基準

　訪問介護事業者として指定を受けるには、人員基準、設備基準、運営基準をクリアする必要があります。従来の介護予防訪問介護は、介護予防・生活支援サービス事業として市町村へ申請を行います。

【人員基準】

　訪問介護員、サービス提供責任者、管理者の人員配置、資格などについて基準があります。

①　訪問介護員についての基準

　訪問介護員とサービス提供責任者を合わせて常勤換算で2.5名以上配置が必要です。なお、常勤の訪問介護員の勤務時間が週32時間未満と定められている場合は、すべての訪問介護員の合計稼働時間が週32時間（育児・介護・治療のための短時間勤務制度などの措置を講じている場合は週30時間とすることが可能）で常勤１名と換算します。訪問介護員になる資格を持つのは、介護福祉士、実務者研修修了者、生活援助従事者研修修了者、初任者研修修了者、旧介護職員基礎研修修了者、旧ホームヘルパー１級・２級修了者、看護職員などです。

②　サービス提供責任者についての基準

　サービス提供責任者は、利用者数40名以下は常勤１名、41名以上の場合は利用者数に応じて常勤を複数名配置が必要です（たとえば、41〜80名の場合は常勤２名以上）。サービス提供責任者になる資格を持つのは、介護福祉士、実務者研修修了者、旧介護職員基礎研修修了者、旧ホームヘルパー１級修了者、看護師、准看護師、保健師です。

③　管理者についての基準

　常勤・専従の管理者を 1 名置く必要があります。資格要件はなく、訪問介護員やサービス提供責任者との兼務でもかまいません。

【設備基準】

　事業に必要な広さの専用区画を設ける他、訪問介護サービスの提供に必要な設備、備品を備える必要があります。利用者宅で提供するサービスであるため、事業所そのものは事務処理等に必要な広さがあれば足ります。そのため、通所介護のように、「〜㎡以上の広さが必要」というような広さの基準はありません。ただし、感染症予防に配慮した手指消毒洗浄設備を用意する必要はあります。また、プライバシーに配慮した相談室を確保する必要があります。

【運営基準】

　主として次の項目について運営基準が設けられています。

・サービスの基本的な取扱方針、具体的な取扱方針
・運営規程に定めるべき事項
・同居家族に対するサービス提供の禁止
・事故発生時の対応、利用者の緊急時等の対応
・職員の秘密保持義務
・苦情処理（苦情受付窓口の設置、苦情内容の記録など）
・居宅介護支援事業者への利益供与の禁止
・サービス内容や手続きの説明および利用者からの同意の取得
・要介護認定申請の援助
・提供したサービスの内容等の記録、利用者への記録の開示
・法定代理受領サービス（介護サービス事業者が利用者である被保険者に代わってサービスの対価を受け取る方法のこと）の利用に関する援助

　訪問介護サービスを提供する場合、①提供されたサービスの目標達成の度合い、利用者やその家族の満足度などについて常に評価を行うとともに、訪問介護計画の修正を行うなど、その改善を図ること、②

介護の提供にあたっては、介護技術の進歩に対応した適切なサービスが提供できるよう、常に新しい技術を習得するなどの研鑽を行うこと、という取扱方針に特に留意しなければなりません。

　また、指定訪問介護事業所は、居宅介護支援事業所等との密接な連携を行い、情報の提供を行うよう努めなければなりません。具体的には、把握した利用者の服薬状況、口腔機能等の利用者の心身の状況、生活の状況に必要な情報の提供を行うとされています。

■■ 訪問入浴介護事業者としての指定を受けるための認定基準

　訪問入浴介護事業者（介護予防訪問入浴介護事業者）として指定を受けるには、主として次の基準を満たさなければなりません。
① 　原則として常勤・専従の管理者１名を確保していること。
② 　看護師または准看護師の資格を持つ看護職員１名以上、介護職員２名（介護予防訪問入浴介護事業者の場合は１名）以上を確保し、かつそのうち１名以上が常勤であること。
③ 　事業運営のために必要な広さの専用区画を設けていること。
④ 　相談スペースが設けられていること。
⑤ 　浴槽、車両等の必要な設備、備品を備えていること。
⑥ 　介護保険法に規定する欠格事由に該当していないこと。

■ 訪問介護 ……………………………………………………………

【自宅】
要介護者の自宅でサービスを提供する
要介護者
ホームヘルパー

身体介護：入浴・排せつ・食事の介助、身体の清拭、洗髪など
通院等乗降介助：通院時などの乗車・降車の介助
生活援助：掃除、調理、洗濯、買物などの日常生活に必要な援助
相　　談：要介護者の身上相談、生活や介護についての相談・助言

5 訪問看護とはどのようなものなのか

医療を必要とする人が在宅で介護を受けるために欠かせない

■■ どんなサービスなのか

　日常生活や移動の支援などについては、訪問介護員のサービスを受けることである程度不足を補うことができますが、心身に病気やケガを持つ人の場合、訪問介護員のサービスだけでは在宅生活を維持するのが難しいことがあります。

　そこで、重要になってくるのが訪問看護サービスの存在です。訪問看護は、医師の指示を受けた看護師が行う要介護者を対象としたサービスで、サービス内容としては、血圧測定や体温測定などによる状態観察、食事、排せつ、入浴などの日常生活のケア、服薬管理、褥瘡処置などの医療処置などが挙げられます。なお、要支援者を対象とした訪問看護のことを介護予防訪問看護といいます。サービス内容は訪問看護と同じです。訪問看護・介護予防訪問看護を行うのは、病院・診療所、あるいは訪問看護ステーションです。

　訪問看護・介護予防訪問看護の利用者は、年齢や症状によっては、医療保険と介護保険の両方の適用対象になる場合があります。この場合、原則として介護保険が優先適用されますが、要介護者や要支援者が以下の疾病などにかかっている場合は医療保険が優先適用されます。

末期ガン（悪性腫瘍）、多発性硬化症、重症筋無力症、スモン、筋萎縮性側索硬化症、脊髄小脳変性症、進行性筋ジストロフィー、パーキンソン病関連疾患、脊髄性筋萎縮症、後天性免疫不全症候群

▨▨ 介護報酬について

　訪問看護の介護報酬（令和6年4月以降）は、要介護度による違い
はありませんが、看護師を派遣する事業所の種別に応じて違ってきま
す（令和6年6月からはカッコ内の単位に増加）。

　まずは、訪問看護ステーションがサービスを提供している場合です。

・20分未満：1回につき313単位（314単位）

・30分未満：1回につき470単位（471単位）

・30分以上1時間未満：1回につき821単位（823単位）

・1時間以上1時間30分未満：1回につき1,125単位（1,128単位）

　次に、病院・診療所がサービスを提供している場合です。

・20分未満：1回につき265単位（266単位）

・30分未満：1回につき398単位（399単位）

・30分以上1時間未満：1回につき573単位（574単位）

・1時間以上1時間30分未満：1回につき842単位（844単位）

▨▨ 介護保険に加算されるもの

　前述した介護報酬に加え、次のような加算が設定されています。

① 特別管理加算

　在宅生活をする上で「特別な管理」を必要とする状態にある利用者
に特別な管理を行った場合、特別管理加算として加算することができ
ます。特別管理加算には、特別管理加算Ⅰ（1か月につき500単位）、
特別管理加算Ⅱ（1か月につき250単位）の2種類があります。

　特別管理加算Ⅰは、悪性腫瘍（ガン）患者、気管カニューレを使用
している者などで計画的な管理が必要な場合に算定します。特別管理
加算Ⅱは、在宅血液透析や在宅酸素療法を受けている者、人工肛門を
設置している状態の者などで計画的な管理が必要な場合に算定します。

② 専門管理加算

　令和6年（2024年）6月から新たに追加される加算で、専門性の高

い看護師が計画的な管理を行った場合に加算されます。具体的には、ⓐ緩和ケア、褥瘡ケアまたは人工肛門ケアおよび人工膀胱ケアに関する専門の研修を受けた看護師が計画的な管理を行った場合、ⓑ特定行為研修を修了した看護師が計画的な管理を行った場合に、1か月につき250単位が加算されます。

③　複数名訪問加算

複数の看護師などが同時に訪問看護サービスを提供した場合に加算が認められます。体重が重い利用者を支持しながら、必要な処置を1人で行うことが困難な場合を想定した加算です。サービスを提供する複数の者が、すべて専門資格を持つ看護師等（保健師、看護師、准看護師など）であるか（Ⅰ）、看護師等と看護補助者であるか（Ⅱ）により単位数が異なります。Ⅰの場合、30分未満の訪問1回につき254単位、30分以上の訪問1回につき402単位の加算が認められます。

④　ターミナルケア加算

在宅で最期を迎えることを望む利用者が多いのを受けて、ターミナルケア（終末期の医療・看護）を行う事業所が増えています。介護保険では、ターミナルケアに対し、介護報酬の加算を認めています。

ターミナルケア加算の単位数は、死亡月につき2,000単位（令和6年6月以降は2,500単位）です。主治医と連携してターミナルケアの計画や支援体制を決定し、利用者や家族の同意を得ていること、死亡日の14日前から死亡日までの間に2日（末期の悪性腫瘍などの場合は1日）以上のターミナルケアを実施していることなどが加算要件です。

■■ サテライト型の訪問看護とは

終末期を自宅で過ごしたい利用者の要望や、施設に入れない利用者が自宅で亡くなるケースが多くなっており、それらの利用者にターミナルケアを行う訪問看護の需要が増えています。そこで、苦情処理などの一体的対応や、職員などの一元的管理ができる体制にある場合に

限り、従たる事業所（サテライト）の設置を認め、人員基準などの指定要件について、主たる事業所に含めて計算することが可能になりました。これにより、山間地域など開設が難しかった地域にも、サテライト型の訪問看護ステーションが設置できるようになりました。

■■ 訪問看護事業者としての指定を受けるための認定基準

　訪問看護事業所のおもな指定基準として、次のものがあります（訪問看護ステーションの場合）。

① 　保健師、看護師、准看護師を常勤換算方法で2.5名以上配置
② 　理学療法士、作業療法士、言語聴覚士を実情に応じた人数を配置
③ 　常勤・専従の管理者を配置（保健師、看護師の有資格者）
④ 　事業運営に必要な広さを有する専用の事務室を設置
⑤ 　サービス提供に必要な設備、備品を設置
⑥ 　療養上の目標やサービス内容が記載された訪問看護計画書を作成
⑦ 　訪問看護計画書に基づき、医師の指示の下、サービスを提供する
⑧ 　主治医への緊急連絡体制を整備

■ サテライト型の訪問看護のしくみ ………………………………………

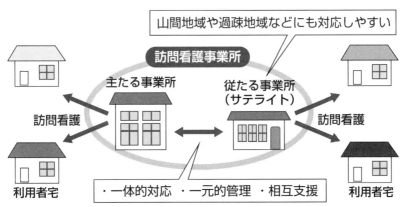

訪問・通所リハビリテーション、通所介護について知っておこう

リハビリは専門の理学療法士や作業療法士などがサービスを提供する

■■ 訪問リハビリテーションはどんなサービスなのか

　骨折や脳血管性疾患などにより身体機能が低下した場合に、その機能の維持・回復をはかるためにはリハビリテーション（リハビリ）が有効です。しかし、リハビリのためにたびたび通院・通所することができず、自宅で家族などがリハビリをするのも難しいという場合もあります。このような場合には、医師の指示の下、専門の理学療法士や作業療法士などが訪問してサービスを提供する訪問リハビリテーションを利用することができます。

　具体的なサービスの内容は、身体機能、日常生活、家族支援に分けられます。身体機能は、間接拘縮の予防、筋力・体力の維持があります。日常生活は、歩行訓練、寝返りや起き上がりなどの基本動作訓練、食事や更衣、入浴などの日常生活動作訓練があります。家族支援は、歩行練習の介助方法の指導、福祉用具の提案があります。

　なお、要支援者を対象とした訪問リハビリテーションのことを介護予防訪問リハビリテーションといいます。介護予防訪問リハビリテーションは、要支援者の自宅に作業療法士や理学療法士などの専門家が訪れて、作業療法や理学療法を行うサービスです。サービス内容は訪問リハビリテーションと同じです。ただし、介護予防の場合は、要介護状態になることをできる限り防ぐ、現在の状態がそれ以上悪化しないようにすることを目的にしています。

■■ 介護報酬について

　訪問リハビリテーションの介護報酬（令和6年4月以降）は、要介

護・要支援ともに１回につき307単位（令和６年６月からは、要介護は308単位、要支援は298単位）と定められています。算定できるのは、訪問リハビリテーション事業所の医師の指示の下で実施するものであること（例外的に別の医療機関の主治医の指示の下でも可）、その医師の診療の日から３か月以内に実施されたものであること、訪問リハビリテーション計画を作成していること、利用者やその家族などに対して１回あたり20分以上指導を行うこと、などが必要です。

　また、リハビリテーションマネジメント加算の要件を満たす場合には、介護報酬の加算が認められています。なお、リハビリテーションマネジメント加算は要件の見直しが行われます（令和６年６月より）。今までリハビリテーションマネジメント加算Ａ・Ｂとしていたものを変更（加算Ｂを廃止）した上で、新たな要件が新設されます。具体的には、加算Ａについては、加算（Ａ）イの部分が加算（イ）に、加算（Ａ）ロの部分が加算（ロ）に変わります（要件は同じです）。加算Ｂについては廃止され、代わりに、医師が利用者またはその家族に説明し、利用者の同意をした場合についての加算が新設されます。

　加算額は、リハビリテーションマネジメント加算（イ）として１か

■ 訪問リハビリテーションとは ……………………………………

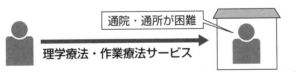

| 通院・通所が困難 |

理学療法・作業療法サービス

理学療法士・作業療法士 など　　　　　　　　身体機能が低下した人

〈対象〉　要介護者：訪問リハビリテーション
　　　　　要支援者：介護予防訪問リハビリテーション

サービス内容

身体機能 間接拘縮の予防、筋力・体力の維持
日常生活 基本動作訓練、日常生活動作訓練
家族支援 歩行練習の介助方法の指導、福祉用具の提案

月につき180単位が、リハビリテーションマネジメント加算（ロ）として1か月につき213単位が加算されます。また、医師が利用者またはその家族に説明し、利用者の同意を得た場合には、上記に加えて1か月につき270単位が加算されるようになります。

■■ 通所介護とは

　通所介護（デイサービス）とは、要介護の利用者が施設において、日常生活に必要な世話を受けたり、機能訓練を受けたりするサービスです。通所介護は、あくまでも利用者が自宅から通所することが前提になっており、可能な限り自宅での生活を継続していくのに必要なケアや心身の機能の維持を図ることが目的です。具体的なサービスの内容は、食事・入浴の提供や介護、生活上の相談やアドバイス、健康状態の確認や日常生活に必要な機能訓練などが挙げられます。利用者を自宅で介護する家族の心身の負担を軽減する狙いもあります。

　通所介護は、施設の規模に応じて、大規模型Ⅰ（前年度の1か月あたりの平均利用者数が750名超900名以内）と大規模型Ⅱ（前年度の1か月あたりの平均利用者数が900名超）、通常規模型（前年度の1か月あたりの平均利用者数が750名以内）に分類されます。なお、かつての介護予防通所介護は平成27年度（2015年度）から地域支援事業に移行しています。また、定員が19名未満の場合は、地域密着型通所介護（小規模デイサービス）となります。

■■ 通所介護の介護報酬について

　通所介護の介護報酬（令和6年4月以降）は、サービスを提供する施設の規模などに応じて異なります。ここでは、通常規模型の施設を6時間以上7時間未満利用した場合を例に挙げて、要介護度に応じた介護報酬を示すと、以下のとおりです。

①　要介護1の場合：584単位

② 要介護2の場合：689単位
③ 要介護3の場合：796単位
④ 要介護4の場合：901単位
⑤ 要介護5の場合：1,008単位

■■ 通所リハビリテーションとは

　通所リハビリテーション（デイケア）は、病気やケガなどで身体機能が低下した要介護の利用者にリハビリテーションを施し、機能の維持回復を図るサービスです。デイケアを提供する施設には、理学療法士や作業療法士といった専門家が配置され、医師の指示の下で、個々の利用者に応じたリハビリテーションのメニューが組まれます。

　通所介護と同様、送迎から食事、入浴、排せつ介助といったサービスを提供している事業所の他、短時間でリハビリテーションのみを行う事業所（リハビリに特化した事業所）もあります。

■■ 通所リハビリテーションの介護報酬について

　介護報酬（令和6年4月以降）は、サービスを提供している事業所の規模、要介護度、利用時間によって決まります。たとえば、通常規模の事業所の通所リハビリテーションで、要介護1の利用者にサービスを提供する場合、利用時間1時間以上2時間未満が366単位（令和6年6月からは369単位）、3時間以上4時間未満が483単位（令和6年6月からは486単位）などと定められています。施設の規模が大きくなるごとに単位数が少なくなるのは通所介護と同様ですが、利用時間として「1時間以上2時間未満」という短時間の区分が設定されているのが特徴的です。これは、長時間施設で過ごすことなくリハビリだけを受けたい、という高齢者が利用しやすいように設けられた区分です。

　なお、訪問リハビリテーションと同様、リハビリテーションマネジメント加算の要件の見直しが行われます。見直し内容は訪問リハビリ

テーションと同じですが、通所リハビリテーションについては、さらに加算（ハ）として、加算（ロ）の要件を満たすことに加え、口腔アセスメントおよび栄養アセスメントを行っていること、リハビリテーション・口腔・栄養の情報について一体的に共有が行われていることなどの要件を満たした場合の新たな加算が追加されます。

■■介護予防通所リハビリテーションとは

　要支援者を対象とした通所介護である介護予防通所介護と似ているサービスとして、要支援者を対象とした通所リハビリテーションである介護予防通所リハビリテーションがあります。すべての人に共通するリハビリテーション（身体機能向上や日常生活の動作に必要な訓練）に加えて、利用者の希望や状態に合わせた選択的サービスが提供されます。選択的サービスには、運動器機能向上、栄養改善、口腔機能向上があります。介護予防通所介護では物足りないと感じる男性でも利用しやすくなっています。介護報酬は、月単位の月額制です。選択的サービスを提供する場合には、別途、介護報酬（月単位の定額制）が加算されます。日常生活支援の部分を省き、短時間でリハビリテーションに特化したサービスの提供を行うところも多いようです。

■■介護予防通所リハビリテーションの介護報酬

　介護報酬（令和6年4月以降）は、要支援1の場合は、1か月につき2,053単位（令和6年6月以降は2,268単位）、要支援2の場合は、1か月につき3,999単位（令和6年6月以降は4,228単位）です。これに加算報酬が加わります。介護予防の場合、介護報酬は月単位の定額制とされています。つまり、目標を達成するために必要であれば、月1回の利用でも月3回の利用でも、長時間利用でも短時間利用でも、介護報酬は同じということです。

　介護予防のプラン内容は、利用者の心身の状態などから事業所が決

定しますが、効率的に介護報酬を得るために、利用回数を減らしたり、短時間の利用を多くしたりする場合もあります。そこで、介護予防プランの内容は、適正なサービス提供が行われるように、地域包括支援センターが定期的にチェックを行うことになっています。

なお、加算報酬の中には、通所の結果、要支援状態の維持・改善が見られる場合、その事業所の報酬がアップされる「事業所評価加算」の制度もありますが、令和6年5月末で廃止されます。

また、選択的サービス複数実施加算の見直しが行われ、一体的サービス提供加算が新設されます（令和6年6月より）。算定の要件として、①栄養改善サービスおよび口腔機能向上サービスを実施していること、②利用者が介護予防通所リハビリテーションの提供を受けた日について、利用者に対して、栄養改善サービスまたは口腔機能向上サービスのうちいずれかのサービスを行う日を1か月につき2回以上設けていること、③栄養改善加算、口腔機能向上加算を算定していないこと、をすべて満たした場合に、1か月につき480単位が加算されます。

■■ 通所介護事業者としての指定を受けるための認定基準

要介護者の通所介護は、定員19名以上は都道府県に対し、定員19名未満は地域密着型として市町村に対し、また、要支援者の通所型サービス（介護予防通所介護相当サービス）は、総合事業として市町村に対し、それぞれ申請を行います。それぞれで指定基準が多少異なることに注意が必要です。たとえば、通所介護の事業所に関して規定されている指定基準は、下記のとおりです。

【人員基準】

サービス提供者、管理者の人員配置などについて基準があります。

① サービス提供者についての基準

原則として、生活相談員、看護職員、介護職員、機能訓練指導員の4職種を1名以上配置する必要があります。また、生活相談員または

介護職員のうち、どちらか1名は常勤である必要があります。

ⓐ **生活相談員についての基準**

専従の生活相談員を1名以上配置します。生活相談員になる資格があるのは、社会福祉士、社会福祉主事任用資格、精神保健福祉士などです。生活相談員の資格をどこまで認めるかは、各自治体によって取扱いが異なるので、問い合わせておく必要があります。

ⓑ **看護職員についての基準**

定員11名以上の事業所には、専従の看護職員（看護師または准看護師）を1名以上配置します。ただし、病院または訪問看護ステーションなどとの連携により、病院などの看護職員がサービスの提供時間帯を通じて密接かつ適切な連携を図っている場合は、その事業所に看護職員が配置されているものとされます。

ⓒ **介護職員についての基準**

専従の介護職員を1名以上配置します。ただし、利用者数が15人を超える場合は、5人またはその端数の人数が増えるごとに介護職員を1名追加する必要があります。介護職員には資格要件はありません。

ⓓ **機能訓練指導員についての基準**

機能訓練指導員を1名以上配置します。機能訓練指導員になる資格があるのは、理学療法士、作業療法士、言語聴覚士、看護職員などです。なお、日常生活やレクリエーション、行事を通じて行う機能訓練については、生活相談員または介護職員の兼務も可能です。

② **管理者についての基準**

専従かつ常勤の管理者を1名以上置く必要があります。資格要件は特にありません。常勤の生活相談員、介護職員、看護職員、機能訓練指導員との兼務も可能です。

【設備基準】

食堂、機能訓練室、相談室、静養室、事務室、その他必要な設備、備品を備える必要があります。施設を設置する際は、建築基準法、消

防法、農地法、都市計画法などの法令に違反しないことが必要です。

　食堂と機能訓練室は兼用が可能です。兼用の場合、食堂および機能訓練室として、定員１名あたり３㎡以上の大きさが必要です。食堂および機能訓練室は、家庭でいえば居間兼食堂というイメージです。

　相談室は、会話内容が外部に漏れないように、遮へい措置を施す必要があります（個室またはパーティションの設置など）。

【運営基準】

　次のような項目につき運営基準が設けられています。

・サービスの基本的な取扱方針、具体的な取扱方針
・運営規程で定めるべき事項
・非常災害、事故発生時、利用者の緊急時等の対応
・苦情処理
・居宅介護支援事業者への利益供与の禁止
・サービス内容や手続きの説明および利用者からの同意の取得
・通所介護計画の作成

■ リハビリテーションマネジメント加算（訪問・通所）‥‥‥‥‥‥

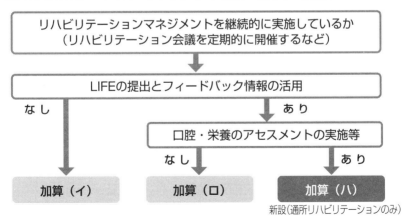

医師が利用者またはその家族に説明した場合はさらに加算

■■ どんなサービスなのか

　短期入所生活介護と短期入所療養介護は、ショートステイと呼ばれるサービスです。要介護者を一時的に施設に受け入れ、短期入所生活介護では、食事や入浴、排せつ、就寝といった日常生活の支援や機能訓練を、短期入所療養介護では、看護、医学的管理の下における介護や機能訓練、必要な医療や日常生活の支援を行います。介護者（要介護者の家族など）の入院や出張、冠婚葬祭の他、「疲れたので一時的に介護から離れてリフレッシュしたい」「旅行に行きたい」といった内容でも、施設に不都合がなければ受け入れることができます。

　なお、要支援者を対象とした短期入所生活介護のことを介護予防短期入所生活介護といい、要支援者を対象とした短期入所療養介護のことを介護予防短期入所療養介護といいます。サービスの内容は、要介護者を対象とした短期入所生活介護、短期入所療養介護と同様です。

■■ 介護報酬について

　ショートステイの場合、入所する施設や部屋の種類、利用者の要介護度に応じて、1日あたりの介護報酬の単位が定められています。

　まず、短期入所生活介護の場合、施設の種類は、ユニット型とユニット型でない施設に分けられ、さらに単独型と併設型に分けられます。部屋の種類は、ユニット型でない施設は従来型個室と多床室、ユニット型の施設はユニット型個室とユニット型個室的多床室があります。

　たとえば、ユニット型でない単独型施設の従来型個室を利用する場合、1日あたりの介護報酬の単位（令和6年4月以降）は、次のよう

になっています（連続61日以上の場合は、単位が引き下げられます）。

・要介護1：645単位　　・要介護2：715単位

・要介護3：787単位　　・要介護4：856単位

・要介護5：926単位

　そして、看護師や夜勤職員などの配置による加算、認知症への対応や介護職員の処遇を改善した場合の加算などが認められています。

　次に、短期入所療養介護の場合、施設や部屋の種類、利用者の要介護度の他にも、職員配置などに応じても細かく介護報酬が分類されています。施設の種類は、大きく分けて、介護老人保健施設、療養病床を有する病院、診療所、介護医療院があります。たとえば、介護老人保健施設の従来型個室（基本型）を利用する場合、1日あたりの介護報酬の単位（令和6年4月以降）は、次のようになっています。

・要介護1：753単位　　・要介護2：801単位

・要介護3：864単位　　・要介護4：918単位

・要介護5：971単位

■ 短期入所生活介護と短期入所療養介護のしくみ ····················

■■■ 短期入所生活介護事業者としての指定を受けるための認定基準

　短期入所生活介護は、施設の種類として、併設型、単独型、空床利用型（空床型）があり、部屋のタイプには、従来型（おもに多床室）とユニット型（個室と共有スペース）があり、それぞれ指定基準が異なります。ここでは、単独型・従来型の指定基準を説明します。短期入所生活介護事業者の指定を受けるには、以下の人員基準、設備基準、運営基準をクリアする必要があります。なお、介護予防短期入所生活介護の指定基準は、短期入所生活介護とは若干異なります。

【人員基準】

① 　サービス提供者についての基準

　医師、生活相談員、介護職員または看護職員、栄養士、機能訓練指導員、調理員などを配置します。利用定員20人未満の併設事業所以外では、生活相談員のうち1人以上、介護職員または看護職員のうち1名以上は、常勤でなければなりません。

ⓐ 　医師についての基準

　1名以上の医師（非常勤でも可）を配置する必要があります。

ⓑ 　生活相談員についての基準

　「利用者」対「生活相談員」の比率が、常勤換算方法で100対1以上となるように配置します。利用定員20人未満の併設事業所を除き、1人以上は常勤の配置が必要です。

ⓒ 　介護職員または看護職員についての基準

　「利用者」対「介護職員と看護職員の合計」の比率が、常勤換算方法で3対1以上となるように配置します。利用定員20人未満の併設事業所を除き、いずれか1人以上は常勤の配置が必要です。

ⓓ 　栄養士についての基準

　栄養士を1名以上配置する必要があります。ただし、利用定員が40人を超えない場合、配置を省略できることがあります。

ⓔ 　機能訓練指導員についての基準

機能訓練指導員を1名以上配置する必要があります。理学療法士、作業療法士などを配置します。他の職との兼務が可能です。

ⓕ **調理員その他の従業員についての基準**

実情に応じた適当数を配置します。

② **管理者についての基準**

常勤の管理者1名以上配置する必要があります。専従が原則ですが、管理上支障がない場合、他の職との兼務が可能です。

【設備基準】

施設は、原則として、建築基準法の耐火建築物または準耐火建築物であることを要します。施設内には、居室、食堂、機能訓練室、浴室、便所、洗面所、医務室、静養室、面接室、介護職員室、看護職員室、調理室、洗濯室または洗濯場、汚物処理室、介護材料室、その他必要な設備を設置しなければなりません。設備については、次のような細かい基準があります。

① 居室は、定員4名以下とし、床面積は利用者1名あたり10.65㎡以上とする。また、日照、受光、換気、防災などにも十分配慮する。

② 食堂および機能訓練室（兼用可）は、合計面積が利用者1名あたり3㎡以上とする。

③ 浴室、便所、洗面所は、体の不自由な人の使用に適したものとする。

④ 廊下の幅は、片廊下が1.8m以上、中廊下が2.7m以上とする。

⑤ 廊下、便所など必要な場所に、常夜灯を設置する。

⑥ 居室や食堂などが2階以上にある場合は、傾斜路を設置するか、エレベーターを設置する。また、階段の傾斜は緩やかにする。

⑦ ベッドは、併設施設がある場合以外は20床以上設置する。

【運営基準】

運営基準には、サービスの基本的な取扱方針、短期入所生活介護計画の作成、運営規程で定める事項、定員の遵守、介護、食事、機能訓練、健康管理などの項目について、基準が定められています。

8 特定施設入居者生活介護とはどのようなものなのか

有料老人ホームなどで受けるサービスのこと

■■ 特定施設入居者生活介護とは

　介護保険では、原則として、施設に入所する場合は施設サービスとなります。施設サービスは要介護者しか受けることができません。ただし、一定の場合には、施設に入所していても、在宅サービスとして介護保険の適用を受けることができます。施設サービスを受けながら在宅サービスとして介護保険の適用を受けることができるのは、次のような場合です。

① 特別養護老人ホームや介護老人保健施設でショートステイという形式でサービスの提供を受ける場合

② 地域密着型サービスのうち、施設でサービスの提供を受ける場合

③ 有料老人ホームなどのうち、特定施設として認められている施設の入居者が、その特定施設でサービスの提供を受ける場合（特定施設入居者生活介護）

　③の特定施設の対象となるのは、有料老人ホームの他に、軽費老人ホーム（A型、B型、ケアハウス）、養護老人ホームなどです。軽費老人ホームとは、家庭の事情などから自宅での生活が難しい高齢者で身の回りのことは自分でできる人が、無料または低額で入居できる施設です。A型の対象者は、炊事についてはサービスの提供を受ける程度の健康状態にある人で、B型の対象者は、自炊できる程度の健康状態にある人です。軽費老人ホームの中でも介護利用型の施設にケアハウスがあります。身の回りのことは自分でできる健康状態にある高齢者のうち、自宅での生活が難しい人が対象です。なお、将来的に軽費老人ホームがケアハウスに一元化されることが決まっています。

また、特定施設入居者生活介護は要介護者が対象であり、要支援者を対象とする特定施設入居者生活介護のことを介護予防特定施設入居者生活介護といいます。

■■ 特定施設入居者生活介護のおもな利用者と介護報酬

特定施設入居者生活介護を利用できる人は、有料老人ホーム、軽費老人ホーム、養護老人ホームなどの施設に入居している要介護1以上を受けた者です。ただし、入居している施設が「特定施設入居者生活介護」の指定を受けている（特定施設である）ことが条件です。特定施設入居者生活介護を利用する場合の1日の単位数は、次のようになっています（令和6年4月以降）。

・要介護1：542単位　　・要介護2：609単位

・要介護3：679単位　　・要介護4：744単位

・要介護5：813単位

介護予防特定施設入居者生活介護の利用者は、要支援1または2を受けた者です。介護予防特定施設入居者生活介護を利用する場合の1日の単位数は、次のようになっています（令和6年4月以降）。

・要支援1：183単位

・要支援2：313単位

また、個別機能訓練、協力医療機関連携、入居継続支援、口腔・栄養スクリーニングなどについて報酬が加算されます。一方、高齢者虐待防止措置未実施などについて報酬が減算されます。令和6年度（2024年度）介護報酬改定により、入院継続支援の加算対象に、常勤の看護師を1名以上配置し、看護の責任者を定めていることを条件に、膀胱留置カテーテル、在宅酸素療法、インスリン投与が追加されました。

■■ 特定施設入居者生活介護事業者になるための基準と申請手続き

有料老人ホームには「健康型」「住宅型」「介護付」の3類型があり

ますが、有料老人ホームを開設するためには、都道府県に対して老人福祉法に基づく届出をしなければなりません。

その上で、有料老人ホームで介護サービスを提供する介護付有料老人ホームとして運営したい場合、介護保険法の特定施設入居者生活介護の指定を受けることが必要です。特定施設入居者生活介護とは、前述したように、有料老人ホームなどの特定施設に入居している要介護者について、介護サービス計画に基づき行われる入浴、排せつ、食事などの介護その他の日常生活上の世話や、機能訓練・療養上の世話のことです。有料老人ホームは必ずしも介護が必要な人だけが入る施設ではありませんが、「介護付」の形態で運営したい場合には、老人福祉法に基づく届出と介護保険法に基づく指定がともに必要です。

■■ 事前の協議が大切

有料老人ホームの設置に関する手続きは、法令などを基に各都道府県で具体的に定められていますので、担当課の窓口への問い合わせやホームページの閲覧により、手続きの流れを確認しておくのがよいでしょう。実際の手続きでは、申請前の事前相談が重要です。

個人の住宅を建てるのとは話が違いますので、まずは開業を予定する市町村へ相談に行き、予定地に施設の建設などが可能であれば、都道府県の担当課に事前相談計画書類を提出します。事前相談では、計画の具体性、提出された計画が法令や都道府県の指針などに違反していないか、定員の集計方法に問題はないかなどが審査されます。事前相談計画書類に問題がなければ、施設の建築確認申請をして、有料老人ホーム設置届を提出します。

さらに、有料老人ホームを「介護付」の形態で運営するには指定が必要です。たとえば、東京都の場合は、事業開始予定日の前々月までに特定施設入居者生活介護の指定申請を行い、実地検査などで問題がなければ特定施設としての指定が行われます。

■■ どのような基準を満たす必要があるのか

　有料老人ホームを設置するためには、施設が一定の基準を満たしていることが必要です。以下、東京都の有料老人ホーム設置運営指導指針のおもな基準を掲載します。

① 設置主体（設置者）

・事業を確実に遂行できるような経営基盤が整っているとともに、社会的信用の得られる経営主体であること（個人経営でないこと）

・他業を営んでいる場合には、その財務内容が適正であること

・役員等の中には、有料老人ホーム運営について知識、経験を有する者等を参画させること　など

② 立地条件

・土地と建物については、有料老人ホーム事業以外の目的による抵当権などの権利がないことが登記簿謄本や必要に応じた現地調査などにより確認できること

・借地（借家）の場合、有料老人ホーム事業のための借地（借家）であること、土地（建物）の所有者は有料老人ホーム事業の継続について協力することを契約上明記すること

・入居者が健康で安全な生活を維持できるように、交通の利便性、地域の環境、災害に対する安全性、医療機関などとの連携を考慮して立地をすること　など

③ 規模及び構造設備

・建物は、建築基準法に規定する耐火建築物または準耐火建築物とし、かつ、建築基準法、消防法等に定める避難設備、消火設備、警報設備その他地震、火災、ガスもれ等の防止や事故・災害に対応するための設備を十分設けること

・建物の配置や構造は、日照、採光、換気等入居者の保健衛生について十分考慮されたものであること　など

④ 職員の配置

・職員の配置については、入居者の数や提供するサービス内容に応じ、施設長（管理者）、事務員、生活相談員、介護職員、看護職員（看護師または准看護師）、機能訓練指導員、栄養士、調理員を配置すること

・職員に対しては、採用時・採用後において定期的に研修を実施すること

・職員の心身の健康に留意し、職員の疾病の早期発見、健康状態の把握のために、採用時・採用後において定期的に健康診断を行うとともに、就業中の衛生管理について十分な点検を行うこと　など

⑤　有料老人ホーム事業の運営（施設の管理や運営）

・入居者の定員、利用料、サービスの内容やその費用負担、介護を行う場合の基準、医療を要する場合の対応などを明示した管理規程等を設けること

・入居者の緊急事態に迅速かつ適切に対応できるように、入居者、家族、身元引受人、かかりつけ医等の氏名や連絡先を記載した名簿を作成し、緊急事態の発生時には速やかに適切な措置を講じること

・設備、職員、会計、入居者の状況、供与したサービスの内容、費用の受領の記録などを記載した帳簿を作成し、2年間保存すること

・非常在外に関する具体的計画を立てるとともに、定期的に訓練を実施すること　など

⑥　サービス・契約内容等

・入居者に対して、契約内容に基づき、食事、相談助言、健康管理、治療への協力、介護、機能訓練、レクリエーション等に関し、その心身の状況に応じた適切なサービスが提供されること

・介護サービスを提供する有料老人ホームでは、契約の定めにより、当該有料老人ホームまたはその提携有料老人ホームで行うこと

・入居契約書において、有料老人ホームの類型、利用料等の費用負担の額及びこれによって提供されるサービス等の内容、入居予定日、

身元引受人の権利・義務、契約当事者の追加、契約解除の要件やその場合の対応、前払金を受領する場合における返還金の算定方式及びその支払時期等が明示されていること　など

■ 事業者としての指定を受けるための認定基準

　特定施設入居者生活介護の事業者として指定を受けるには、以下の人員基準、設備基準、運営基準を満たさなければなりません。特定施設入居者生活介護には、介護サービスなどを外部委託する外部サービス利用型もありますが、ここでは外部サービスを利用しないタイプのものをとりあげます。

【人員基準】

　サービス提供者、管理者の人員配置などについて基準があります。

① サービス提供者

　生活相談員、介護職員または看護職員、機能訓練指導員、計画作成担当者を配置します。

ⓐ 生活相談員についての基準

　「利用者」対「生活相談員」の比率が、常勤換算方法で100対１以上でなければなりません。１名以上は常勤でなければなりません。

ⓑ 看護職員または介護職員についての基準

　「利用者」対「看護職員と介護職員の合計」の比率が、常勤換算方法で３対１以上でなければなりません。なお、要支援（介護予防）の利用者がいる場合、要支援者１名を要介護者0.3名と換算して合計した利用者数を基に３対１以上を満たすか否かを判断します。看護職員と介護職員は、ともに１名以上は常勤でなければなりません。また、看護職員は、利用者が30名以下であれば１名以上を配置し、31名以上であれば50名ごとに１名以上を追加配置しなければなりません。介護職員は、常に１名以上配置する必要があります。

ⓒ 機能訓練指導員についての基準

１名以上配置する必要があります。他の職との兼務が可能です。

ⓓ **計画作成担当者についての基準**

　１名以上のケアマネジャーを配置する必要があります。利用者100名あたり１名以上の配置を標準とし、他の職との兼務が可能です。

② **管理者についての基準**

　常勤・専従の管理者を１名以上配置する必要があります。

【設備要件】

　施設の建物は、原則として、建築基準法の耐火建築物または準耐火建築物とし、施設内は、車椅子での移動が可能な空間・構造とし、施設には、居室、一時介護室、機能訓練室、浴室、食堂、便所を設置することを要します。

　居室は個室で１名を定員とします。ただし、夫婦など利用者の処遇上必要な場合は、２名の入居も可能です。介護を行うのに適当な広さとし、プライバシーにも配慮します。地階に居室を設けてはならず、空き地、廊下、広間に面した緊急避難用の出口を設けます。

　一時介護室は、介護に適当な広さが必要です。ただし、すべての居室が介護専用居室であって利用者を移す必要がない場合は、一時介護室の設置が不要です。浴室は、体の不自由な人に適したものでなければなりません。便所は、居室のある階ごとに設置し、非常用設備を設けます。食堂および機能訓練室は、機能を発揮するだけの適当な広さが必要です。

【運営基準】

　たとえば、次のような項目について運営基準が設けられています。

・特定施設入居者生活介護の取扱方針

・運営規程に定めるべき事項

・職員の秘密保持

・法定代理受領サービス（98ページ）の利用についての利用者の同意

・サービス内容や手続きの説明、契約の締結など

9 福祉用具についてこんなことを知っておこう

福祉用具の購入・レンタルでも、介護保険が利用できない場合がある

■■ 福祉用具の貸し出し

　要介護の人は、日常生活をしやすくしたり、機能訓練を行って日常生活の自立をめざす上での補助として、福祉用具を借りることができます。このサービスを福祉用具貸与といいます。借りることのできる福祉用具は、車椅子、車椅子付属品、特殊寝台、特殊寝台付属品、床ずれ防止用具、体位変換器、手すり、スロープ、歩行器、歩行補助つえ、認知症老人徘徊感知機器、移動用リフト、自動排せつ処理装置です。要支援者を対象とした福祉用具のレンタルのことを介護予防福祉用具貸与といいますが、要支援者と要介護1の軽度者については、原則給付の対象外とされています（便を排せつする自動排せつ処理装置は要介護2と3の者も対象外）。現実問題として、要介護度の低い要支援の人が、介護ベッドや車椅子、認知症老人徘徊感知機器、移動用リフトなどをレンタルする必要がある場合はほとんどないからです。ただし、給付の必要があると認められた場合には、それらの福祉用具についてもレンタル可能です。

　福祉用具の貸し出しには、要介護・要支援者を手助けする人の負担を軽くする狙いもあります。

　福祉用具貸与事業を行うためには、利用者の心身の状態や生活環境に応じた福祉用具の選択、使い方、アフターフォローが必要となります。介護技術以外にも、福祉用具の知識を持った専門職を配置しなければなりません。そのため、福祉用具専門相談員という資格があります。この資格は、福祉用具専門相談員指定講習を修了することで取得することができます。なお、この資格を取得しなくても介護福祉士などの国家資格を所持している者がいれば、事業の指定を受けることができます。

■■ 福祉用具の購入補助

　用具の性質上、貸与するより購入した方がよいものもあります。

　トイレ、入浴用具など、誰かの使用後に別の誰かが使用するのは難しいような用具や、たとえば体格の差などの個人差によって、万人が使うことができないような用具です。対象となる福祉用具は、①腰掛け便座、②自動排せつ処理装置の交換可能部品、③入浴補助用具、④簡易浴槽、⑤移動リフトの吊り具の部分、⑥排せつ予測支援機器の6種類です。これらの福祉用具を特定福祉用具といいます。特定福祉用具販売の利用者の負担額は、購入金額の1割、2割または3割です。そして、特定福祉用具の購入については、要介護者が先に福祉用具を自分で購入し、後からその金額を支給する方法を原則としています。これは、購入時に利用者が全額支払い、保険申請すると9割、8割または7割が利用者に返金されるしくみです。

　特定福祉用具の購入費の支給上限は、年間10万円までとなっています。要支援者を対象とした福祉用具の販売のことを特定介護予防福祉用具販売といいます。対象となる福祉用具、購入の上限額、購入額が後ほど償還されるしくみは、福祉用具販売と同じです。

■■ 介護保険が利用できない福祉用具があることを説明する

　利用者の中には、福祉用具を購入・レンタルすれば、必ず介護保険が適用になると認識している人がいますが、似たような福祉用具でも介護保険給付の対象になるものとそうでないものがあります。これは、各自治体により、介護保険の対象となる福祉用具の考え方が異なるからです。

　また、同じ福祉用具でも購入かレンタルかによって介護保険の対象となるかどうかが異なる場合もあります。福祉用具について貸与が性質上なじまない物について、購入を補助するという考え方から保険給付が規定されているためです。

　どの福祉用具が対象となるかの判断は困難な場合があります。その

ため、事前に、市町村の窓口や地域包括支援センターなどにおいて相談することが勧められます。

なお、令和6年（2024年）4月より、一部の福祉用具について、貸与か購入かの選択ができるようになりました（選択制の導入）。対象の福祉用具は、比較的廉価なもので、購入した方が利用者の負担を抑えられると見込まれる固定用スロープ、歩行器（歩行車を除く）、単点杖（松葉杖を除く）、多点杖です。選択制により貸与を選択した場合には、利用開始後少なくとも6か月以内に一度モニタリングを実施することや、購入を選択した場合には、使用状況を確認し、メンテナンスを行うように努めること等が新たに定められています。

介護保険の事業者として認められるためには、都道府県または市区町村の指定を受けていることが必要です。インターネットなどを通じて福祉用具を取り扱う事業者の中には、都道府県または市区町村の指定を受けていないところがあり、後に利用者とトラブルになるのを防ぐ意味でも福祉用品を販売・レンタルする場合には、都道府県または市区町村から指定を受けていることも説明するとよいでしょう。

その他、介護ベッドを借りている利用者が長期間入院する場合、ベッドの使用につき介護保険が利用できなくなります。なぜ介護保険が適用されなくなるかというと、介護保険と医療保険は同時に利用できないからです。このような場合、福祉用具貸与は給付対象外となるので注意が必要です。なお、3か月以上の入院になると、ベッドをいったん返却する場合が多いようです。

■■ 福祉用具貸与価格には上限額が設定されている

利用者負担は原則、福祉用具貸与価格の1割、2割または3割ですが、残りの部分については福祉用具貸与費として介護保険で賄われています。これまでの福祉用具貸与価格は、訪問介護や通所介護のように一律何単位というような基準が決められていませんでした。つまり、公定価格

を定めず、市場の価格競争を通じて適切な価格による給付が行われるように、福祉用具の種類、品目、事業者によって価格が異なっていました。

　しかし、介護保険財政のひっ迫や利益重視の福祉用具貸与事業所などが問題となり、平成30年（2018年）10月から、福祉用具貸与価格の上限額が設定されました。これを超えて福祉用具貸与を行った場合は、福祉用具貸与費を請求できません。

　上限額は、各福祉用具ごとに算出し、金額は全国平均貸与価格にその福祉用具のすべての貸与価格のバラつきを加味することで算出されます。この上限額は、おおむね３年に１回の頻度で見直しが行われます。また、全国平均貸与価格を利用者へ説明したり、機能や価格帯の異なる複数の商品を利用者に提示することが義務付けられました。

■■■ 福祉用具貸与事業者としての指定を受けるための認定基準

　福祉用具貸与事業者としての指定を受けるには、省令で定められた人員基準、設備基準、運営基準をクリアする必要があります。なお、介護予防福祉用具貸与と福祉用具貸与の指定基準は基本的には同じですが、運営基準が若干異なります。

【人員基準】

　福祉用具専門相談員、管理者の人員配置、資格などについて基準があります。

① 福祉用具専門相談員についての基準

　専門相談員を常勤換算で２名以上置く必要があります。福祉用具専門相談員は、保健師、看護師、准看護師、理学療法士、作業療法士、社会福祉士、介護福祉士、義肢装具士、福祉用具専門相談員指定講習修了者の資格を有する者が該当します。

② 管理者

　常勤の管理者を１名配置します。専従が原則ですが、業務に支障がなければ、専門相談員等と兼務可能です。

【設備基準】

　保管設備は、清潔な状態を保ち、消毒・補修済みの用具とそうでないものを区別できるようにしなければなりません。

　消毒設備器材は、用具の種類や材質に合わせて、適切な消毒効果を持つ器材を用います。消毒を外部委託する場合には設備や器材は不要です。

【運営基準】

　運営基準には、運営規程に定めるべき事項、事故発生時の対応、苦情処理、衛生管理、居宅サービス計画に沿ったサービスの提供、居宅サービス計画等の変更の援助などが定められています。

■■ 特定福祉用具販売事業者になるための基準と申請手続き

　特定福祉用具販売事業者の指定を受けるには、省令で定められた人員基準、設備基準、運営基準をクリアする必要があります。特定介護予防福祉用販売事業者の指定基準は、特定福祉用具販売事業者の指定基準と基本的には同じですが、運営基準が若干異なります。

【人員基準】

① 　福祉用具専門相談員

　常勤換算方式で、福祉用具貸与と同様の有資格者を2名以上配置する必要があります。

② 　管理者

　常勤の管理者を置きます。専従が原則ですが、業務に支障がなければ、福祉用具専門相談員等との兼務も可能です。

【設備基準】

　事業の運営に必要な広さのスペースを確保する他、特定福祉用具の販売に必要なその他の設備、備品を備える必要があります。

【運営基準】

　運営基準には、事故発生時の対応、衛生管理、居宅サービス計画に

沿ったサービス提供、居宅介護事業者への利益供与の禁止などについて基準が定められています。

■ 福祉用具と特定福祉用具 ···

福祉用具

①車椅子
自走用標準型車椅子・普通型電動車椅子・介助用標準型車椅子など

②車椅子付属品
クッション・電動補助装置など

③特殊寝台
介護用のベッドのことで、サイドレールが取りつけられているか取りつけ可能なもの

④特殊寝台付属品
手すり・テーブル・スライディングボード・スライディングマットなど

⑤床ずれ防止用具
送風装置・空気圧調整装置を備えた空気マットなど

⑥体位変換器
空気パッドなどを体の下に差し入れて体位変換をしやすくできる機能を持っているもの。体位を保持する目的しかないものは不可

⑦手すり
工事をせずに取りつけられるもの

⑧スロープ
段差解消目的のもので工事をせずに取りつけられるもの

⑨歩行器
二輪・三輪・四輪→体の前と左右を囲む取っ手などがついているもの。
四脚 → 腕で持ち続けて移動できるもの

⑩歩行補助杖
松葉杖・カナディアンクラッチ・ロフストランドクラッチ・多点杖など

⑪認知症老人徘徊感知機器
認知症用の徘徊センサーなどのことで、認知症の人が屋外に出ようとした時などに家族などに知らせる機器

⑫移動用リフト
段差解消機・風呂用のリフトなどのことで、つり具の部分は含まない。つり具は特定福祉用具となる

⑬自動排せつ処理装置
排便などを自動的に吸収し、排便などの経路となる部分を分割することができるもの（交換可能部品を除く）

特定福祉用具

■ 腰掛便座
和式便器→上に置いて腰掛式にできるもの
洋式便器→上に置いて高さを調節するもの
便座から立ち上がるときに補助できる機能を持つもので電動式・スプリング式のもの
便座やバケツなど、移動できる便器など

■ 自動排せつ処理装置の交換可能部分
排便などの経路となるもので簡単に交換できるもの

■入浴補助用具
シャワー椅子・入浴用の椅子・浴槽用の手すり・浴槽内で使う椅子・浴槽の縁にかけて使う入浴台・浴室内のスノコ・浴槽内のスノコなど

■ 簡易浴槽
取水や排水のための工事を必要としない簡易的な浴槽のことで、空気式や折りたたみ式など、簡単に移動できるもの

■ 移動用リフトのつり具の部分
風呂用のリフトのつり具も含まれる・移動用リフト自体は福祉用具として貸与の対象となる

■ 排せつ予測支援機器
膀胱内の状態を感知して尿量を推定し、排尿のタイミングを通知するもの

10 住宅改修について知っておこう

住宅改修については20万円を上限として介護保険が適用される

■■ 住宅改修をどのような場合に利用するのか

　家の中の段差などを改修するために行われるサービスが住宅改修です。家の中を移動する際の動作を助けるものを設置することや、夜間にトイレに行くルートにある小さな段差の問題の解消など、在宅での高齢者の自立を支援することを目的としたサービスです。

　具体的な改修例として、お風呂などに手すりを取りつける工事や、段差を解消する工事があります。手すりの設置と段差を解消する工事は、実際に行われている工事の大部分を占めています。

　高齢者は、風呂場で浴槽をまたぐ動作を行うときに転倒して大ケガをするおそれがあります。風呂場での転倒事故を防止するために、浴室の出入り口や浴槽の周りに手すりを設置するなどの住宅改修を行うこともあります。また、転倒などの原因になる滑りを防止したり移動をスムーズに行うために、床や通路面の材料を変更する、扉を引き戸に取り替える、和式便器を洋式便器に取り替える、といった改修を行うこともあります。

■■ どんな業者が選ばれるのか

　介護保険の改修実績のある業者が選ばれることが多いようです。介護保険の住宅改修では、高齢者の病状等に合わせたきめ細やかな工事が必要だからです。たとえば、手すり1つでも、高齢者の状態に合わせて、高さ、長さ、角度を細かく調整するなどの細やかな配慮が必要です。地域によっては、業者が代理で保険給付を受け取るために市町村への登録が必要な場合があります。

■■ 介護保険の対象になるのは20万円

　住宅改修については、介護保険の給付の対象となる上限金額は20万円とされています。そのうち利用者が負担する金額は、利用者の所得などに応じて1割～3割です。原則償還払い方式を採用しているため、いったん全額を支払っておいて、市町村へ申請することで7割～9割の補助を受けることができます。

　住宅改修の支給を受ける回数は、原則1回となっています。これは、国の税金や保険料を使って支給されるため、個人の住宅の資産価値を上げる支給は認めにくいからです。ただし、転居して住所が変わる場合、再度20万円までの工事について介護保険の利用ができます。たとえば、ある住宅について15万円の住宅改修を実施しても、転居後の住宅では新たに20万円までの工事について介護保険が適用されます。

　また、要介護度が3段階以上重くなった場合にも再度20万円まで利用ができるようになります。たとえば、利用者の要介護度が要介護度1から要介護度4に進んだ場合です。

　なお、住宅の改修であれば、どんな場合にも介護保険が適用されるというわけではありません。たとえば、別荘は、要介護者が日常生活を行う場所とはみなされず、改修工事に介護保険が適用されない場合があります。

■■ 住宅改修を行う場合の手続き

　手すりを設置したり、段差をスロープに変えるといった住宅改修は、利用者が工務店などの事業者と契約して行います。以前は工事後に保険給付の申請をしていましたが、「介護保険が適用されるからと業者に言われるまま工事をしたが、実際には保険対象外の工事が多く含まれていて高額の自己負担が生じた」などのトラブルが発生したため、現在は次のような流れで住宅改修を行うよう法制度が改正されています。

　なお、住宅改修については、指定事業とされていないため、事業者

になるために都道府県や市町村の指定を受ける必要はありません。

① **介護支援専門員（ケアマネジャー）に相談する**

地域包括支援センターや普段利用している居宅介護支援事業所などで住宅改修についての相談をします。

② **市町村に対し、改修前の申請を行う**

申請書の他、住宅改修が必要な理由を記載した理由書や工事費の見積書などを提出します。

③ **改修工事の実施**

改修前の申請について、市町村から申請を承認する通知が届いたら、改修工事の施工業者に対して、着工を依頼し、工事を完了してもらいます。

④ **正式な支給申請**

工事終了後に領収書や工事の完成後の状態を確認できる写真などの資料を提出します。

⑤ **市町村による確認・住宅改修費の支給**

②の書類と④の書類を確認し、必要と認められた工事に関して住宅改修費が支給されます。

■ **住宅改修の手続きの流れとケアマネジャーのかかわり** …………

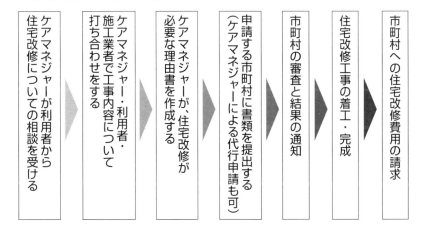

ケアマネジャーが利用者から住宅改修についての相談を受ける

ケアマネジャー・利用者・施工業者で工事内容について打ち合わせをする

ケアマネジャーが、住宅改修が必要な理由書を作成する

申請する市町村に書類を提出する（ケアマネジャーによる代行申請も可）

市町村の審査と結果の通知

住宅改修工事の着工・完成

市町村への住宅改修費用の請求

地域密着型サービスについて知っておこう

その地域（市町村）に住む高齢者が利用できる

■■ 地域密着型サービスについて

　地域密着型サービスは、元々その地域（市町村）に住む要介護者に向けて提供されます。認知症や一人暮らしの高齢者がなるべく住み慣れた土地で生活を続けることができるようにするために、さまざまなサービスを身近な市町村が主体となって提供するものです。

　地域密着型サービスは、①小規模多機能型居宅介護、②夜間対応型訪問介護、③地域密着型介護老人福祉施設入所者生活介護、④地域密着型特定施設入居者生活介護、⑤地域密着型通所介護、⑥認知症対応型共同生活介護（グループホーム）、⑦認知症対応型通所介護、⑧定期巡回・随時対応型訪問介護看護、⑨看護小規模多機能型居宅介護の9つに分かれています。特に、夜間対応型訪問介護や定期巡回・随時対応型訪問介護などは、サービスの安定的提供が可能な経営的基盤を持った事業者でなければ、事業運営を継続していくことは困難です。そのため、少しずつサービスを提供する事業者も増加していますが、いまだにその数は十分とはいえない状況にあります。

■■ 要支援者が利用できる地域密着型サービスとは

　地域密着型サービスのうち、要支援1・2の人が利用できるのは、次の3種類のサービスです（介護報酬は令和6年4月以降）。

・介護予防小規模多機能型居宅介護

　1事業所あたりの登録定員は29名以下と少ないものの、1か所の事業所において、通所のサービスを中心に、利用者の希望などに応じて訪問や宿泊を組み合わせたサービスが提供されます。介護報酬は、要

■ 地域密着型サービスの種類と特徴 …………………………………

要支援者も受けることができるサービス

小規模多機能型居宅介護

■対象者
その市町村に住む要支援者・要介護者

■特徴
24時間提供
さまざまな形態でサービスを提供
・通いが中心
・自宅への訪問、施設への短期間宿泊も可能

■サービス内容
入浴・排せつ・食事の介護
日常生活上の支援
機能訓練

認知症対応型共同生活介護

■対象者
その市町村に住む認知症の人（要支援2以上）

■特徴
家庭的なケアを提供する住宅つきのサービス
小規模な住宅で運営されている

■サービス内容
入浴・排せつ・食事の介護
日常生活上の支援

認知症対応型通所介護

■対象者
その市町村に住む認知症の要介護者

■特徴
認知症の人専用
日帰りでデイサービスセンターなどの施設でサービスを提供する

■サービス内容
入浴・排せつ・食事の介護
日常生活上の支援

要介護者だけが受けることができるサービス

夜間対応型訪問介護

■対象者
その市町村に住む要介護者

■特徴
夜間に定期的に要介護者宅を訪れる巡回サービスを提供する
要介護者の呼び出しに応じたヘルパーが随時要介護者宅に訪れてサービスを提供する

■サービス内容
入浴・排せつ・食事の介護
日常生活上の支援

地域密着型介護老人福祉施設入所者生活介護

■対象者
定員29名以下の特別養護老人ホームに入所している要介護者

■特徴
施設に入所して365日24時間安心して日常生活上の介護を受けることが可能

■サービス内容
入浴・排せつ・食事の介護
日常生活上の支援
機能訓練
健康管理
療養上の世話

地域密着型特定施設入居者生活介護

■対象者
定員29名以下の特定施設に入居している要介護者

■特徴
定員29名以下の小規模な施設で市町村の指定を受けた特定施設がサービスを行う
（特定施設の指定を受けられる施設は、①有料老人ホーム、②ケアハウス、③養護老人ホーム、④サービス付き高齢者向け住宅）

■サービス内容
入浴・排せつ・食事の介護
日常生活上の支援
機能訓練

定期巡回・随時対応型訪問介護看護

■対象者
その市町村に住む要介護者

■特徴
訪問介護と訪問看護を密接に連携させながら、24時間体制で短時間の定期巡回型訪問と随時の対応を一体的に行うサービス

■サービス内容
入浴・排せつ・食事の介護
療養上の世話

看護小規模多機能型居宅介護

■対象者
その市町村に住む要介護者

■特徴
小規模多機能型居宅介護と訪問看護を一体的に提供する複合型サービスの一類型

■サービス内容
入浴・排せつ・食事の介護
日常生活上の支援
医療的なケア（サービス拠点での「通い」「泊まり」における看護サービスを含む）

地域密着型通所介護

■対象者
その市町村に住む要介護者

■特徴
定員18名以下のデイサービスセンターなどの施設でサービスを提供する

■サービス内容
入浴・排せつ・食事の介護
日常生活上の世話
機能訓練

支援1が1か月あたり3,450単位、要支援2が1か月あたり6,972単位です（同一建物に居住する者以外の者に対して行う場合）。

・介護予防認知症対応型通所介護

　軽度の認知症高齢者に通所介護サービスが提供されます。サービス内容や施設形態は、要介護者を対象とする認知症対応型通所介護と同じです。介護報酬は、7時間以上8時間未満の利用で、要支援1が861単位、要支援2が961単位です（Ⅰの旧単独型の場合）。

・介護予防認知症対応型共同生活介護

　軽度の認知症高齢者がグループホームに入居して生活全般の支援サービスを受けるもので、要支援2の人のみ利用できます。介護報酬は1日につき761単位です（Ⅰの場合）。

■■ 地域密着型サービスには運営推進会議を設置する

　夜間対応型訪問介護を除く地域密着型サービスの事業所は、運営推進会議の設置が必要です。地域密着型サービスは、居宅サービスや施設サービスに比べて、より地域に開かれたサービスであることが求められます。そこで、事業運営の透明性、サービスの質の確保、利用者の「抱え込み」の防止、地域との連携の確保をめざすために運営推進会議の設置が義務付けられています。構成員は、利用者、利用者の家族、地域住民の代表者、市町村の職員または地域包括支援センターの職員、地域密着型サービスについて知識や経験がある者などです。地域によって構成員が異なる場合があるので注意が必要です。

　開催の頻度はサービスにより異なります。たとえば、小規模多機能型居宅介護など施設系のサービスは、約2か月に1回以上の開催が必要です。認知症対応型通所介護など通所系のサービスは、約6か月に1回以上の開催が必要です。また、地域密着型サービスでは、運営推進会議の設置・開催以外にも、管理者や代表者に一定の研修要件を課すなど、より専門的な知識や経験が必要とされています。

12 小規模多機能型居宅介護のしくみと事業者の指定基準

自宅で生活する利用者も訪問サービスなどが受けられる

■■ 小規模多機能型居宅介護とは

　自宅で生活している要介護者を対象に、施設への「通い」を中心として短期間の「宿泊」や自宅への「訪問」を組み合わせ、家庭的な環境と地域住民との交流の下で日常生活上の支援や機能訓練を行うのが小規模多機能型居宅介護（小多機）です。通所介護は日帰りのサービスですが、利用者は、出かけるのが面倒な日や、そのまま宿泊したい日もあるはずです。そうした利用者のニーズに対応し、「通い」のサービスに「訪問」「宿泊」を組み合わせたのが小多機の特徴です。

　登録定員（登録者数の上限のこと）は1つの事業所あたり29人以下です。利用定員は、通いサービスの場合、1日あたり登録定員の2分の1から15人までの範囲内（登録定員26人以上についての例外あり）、宿泊サービスの場合、1日あたり通いサービスの利用定員の3分の1から9人までの範囲内です。小多機は利用料の自己負担額が大きく、利用者数が伸び悩んでいます。なお、介護報酬（令和6年4月以降）は、1か月につき、要介護1（10,458単位）、要介護2（15,370単位）、要介護3（22,359単位）、要介護4（24,677単位）、要介護5（27,209単位）です（同一建物に居住する者以外の者に対して行う場合）。

■■ 小規模多機能型居宅介護事業者としての指定を受けるための基準

　指定を受けるには、指定基準として人員基準、設備基準、運営基準をクリアすることが必要です。小規模多機能型居宅介護と介護予防小規模多機能型居宅介護の指定基準は、運営基準が若干異なります。

【人員基準】

人員基準については、従業員、計画作成者、管理者、代表者といった職種の配置や資格などの基準が設けられています。

① 従業員（介護職員・看護職員）についての基準

昼間と夜間・深夜で従業員の配置基準が異なります。なお、従業員は１名以上が看護職員、１名以上が常勤であることが必要です。

ⓐ 昼間の時間帯

通いサービスの利用者数が３名またはその端数を増すごとに常勤換算方法で１名以上の従業員の配置が必要です。また、訪問サービスの提供にあたる従業員を常勤換算方法で１名以上の配置が必要です。

ⓑ 夜間・深夜の時間帯

夜間・深夜勤務１名以上、宿直勤務１名以上の従業員の配置が必要です。ただし、宿泊サービスの利用者がいない場合は、時間帯を通じて訪問サービスを提供するために必要な連絡体制があれば、夜間・深夜勤務や宿直勤務の従業員の配置は不要です。

② 計画作成担当者についての基準

小規模多機能型サービス等計画作成担当者研修を修了した介護支援専門員を１名以上配置します。専従が原則ですが、他の職種との兼務が可能な場合もあります。

③ 管理者についての基準

次のⓐⓑの条件をいずれも満たす常勤の管理者を配置します。専従が原則ですが、他の職種との兼務が可能な場合もあります。

ⓐ 特別養護老人ホーム、介護老人保健施設などの従業員や訪問介護員などとして３年以上認知症高齢者の介護に従事した経験がある。

ⓑ 認知症対応型サービス事業管理者研修を修了している。

④ 代表者についての基準

認知症対応型サービス事業開設者研修を修了し、かつ、次のⓐⓑのいずれかの条件を満たす代表者を配置します。

ⓐ 特別養護老人ホーム、介護老人保健施設などの従業員や訪問介護

員などとして認知症高齢者の介護に従事した経験がある。

ⓑ　医療サービス、福祉サービスの経営に携わった経験がある。

【設備基準】

① **登録定員、利用定員についての基準**

　登録定員は29名以下とします。通いサービスと宿泊サービスの利用定員は、法律で決められた範囲内で設定できます。

② **設備についての基準**

　設備・備品は、居間、食堂、台所、宿泊室、浴室その他必要な設備や備品等を設置します。居間と食堂はその機能を十分に発揮できる広さが必要です。居間と食堂を同じ場所にしてもかまいません。宿泊室は定員1名の個室としますが、処遇上必要な場合は定員2人も可能で、個室の床面積は7.43㎡以上を確保します。個室以外の宿泊室は、パーテーションなどを用いて利用者のプライバシーを確保します。

③ **立地についての基準**

　事業所は、住宅地または住宅地と同程度に家族や地域住民との交流の機会を確保できる地域に設ける必要があります。

【運営基準】

　運営基準には、事業の運営にあたって従うべき基準として、地域との連携等、利用者の心身の状況把握、居宅サービス事業者との連携などの事項が定められています。

■ **小規模多機能型居宅介護のしくみ** ･････････････････････････

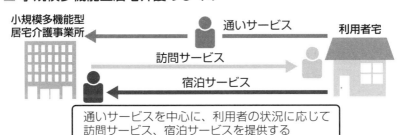

小規模多機能型居宅介護事業所

通いサービス　利用者宅

訪問サービス

宿泊サービス

通いサービスを中心に、利用者の状況に応じて訪問サービス、宿泊サービスを提供する

13 夜間対応型訪問介護のしくみと事業者の指定基準

自宅で生活する要介護者の夜間巡回などを行う

■■ 夜間対応型訪問介護とは

　自宅で生活している要介護者を対象に、夜間帯（18時〜8時）における定期巡回・随時対応による訪問サービスを提供するのが、夜間対応型訪問介護です。在宅でのサービスの提供を希望する利用者を24時間体制でケアするしくみを整えていることに特徴があります。夜間対応型訪問介護では、次の2つのサービスを夜間帯に提供します。

・利用者の自宅を定期的に訪問して、排せつの介助（オムツの交換など）、体位の変換、安否確認などを行う（定期巡回）。

・オペレーションセンターが利用者などから通報を受けた際に、適切な介助や救急車の手配などを行う（随時対応）。

　利用料については、月額の基本料と、提供されたサービスに応じた金額を支払う必要があります。オペレーションセンターがある施設か、そうでない施設かによって、利用料が異なります。

　介護報酬（令和6年4月以降）は、夜間対応型訪問介護費Ⅰ（定額＋出来高）の場合、基本夜間対応型訪問介護費（1か月につき989単位）、定期巡回サービス費（1回につき372単位）、随時訪問サービス費Ⅰ（1回につき567単位）などと設定されています。

　なお、夜間・早朝の訪問介護サービスは、現在それほど利用されていません。その理由は、費用が高いことや、オムツの機能向上で夜間にオムツを交換する必要が少なくなったことなどが考えられます。しかし、高齢化がさらに進めば、独居世帯や高齢者夫婦世帯が大幅に増加し、夜間・早朝サービスの重要性が高まると予想されます。

■■ 夜間対応型訪問介護事業者の指定を受けるための基準

　夜間対応型訪問介護事業者の指定を受けるには、指定基準として人員基準、設備基準、運営基準をクリアする必要があります。

【人員基準】

①　従業員についての基準

・サービス提供時間帯を通じて利用者からの通報を受け付ける業務にあたるオペレーターを1人以上、利用者の面接その他の業務を行う面接相談員を1人以上、それぞれ配置します（オペレーションセンターを設置しない場合は配置不要）。

・定期巡回サービスを行う訪問介護員を配置します。最低人員数は定められていませんが、交通事情や訪問頻度を考慮して必要数を配置します。訪問サービスを行う訪問介護員も1名以上配置します。

②　管理者についての基準

　事業所ごとに常勤の管理者を配置します。専従が原則ですが、他の職種との兼務が可能な場合もあります。

【設備基準】

　設備基準については、主として以下の事項が定められています。

・事業の運営を行うために必要な広さがある専用の区画を設ける他、夜間対応型訪問介護の提供に必要な設備と備品等を備えること

・利用者の心身の状況等の情報を蓄積し、随時適切に利用者からの通報を受けることができるように、オペレーションセンターに通信機器などを備えること

・利用者が援助を要する状態となったときに、適切にオペレーションセンターに通報できるように、利用者に端末機器を配布すること

【運営基準】

　内容及び手続の説明及び同意、緊急時等の対応、サービス提供困難時の対応、心身の状況等の把握などの事項が定められています。

14 地域密着型介護老人福祉施設入所者生活介護のしくみと事業者の指定基準

■■ 地域密着型介護老人福祉施設入所者生活介護とは

　定員29人以下の小規模な特別養護老人ホームであり、地域密着型特別養護老人ホームとも呼ばれています。既存の特別養護老人ホームの近くに作られ、セットで運営されているケースもあります。医療行為は行われず、日常生活上の世話を中心としたさまざまなサービスが提供されます。少人数制であるため、家庭的な雰囲気があり、地域や家庭とのつながりを重視しているのが特徴です。このサービスは、次の4つの条件を満たす人が利用できます。

① 　サービスを提供する事業者が所在する市町村の住民である。

② 　要介護3以上の認定を受けている（要介護1・2でも特例的に入所可能となる場合がある）。

③ 　心身に著しい障害があるため常時介護が必要である。

④ 　在宅介護が困難である。

　介護報酬については、部屋の種類や利用するサービスによっても異なりますが、地域密着型介護老人福祉施設入所者生活介護費Ⅰの従来型個室の場合、1日につき、要介護1（600単位）、要介護2（671単位）、要介護3（745単位）、要介護4（817単位）、要介護5（887単位）と設定されています（令和6年4月以降）。

■■ 地域密着型介護老人福祉施設入所者生活介護の指定を受けるための基準

　地域密着型介護老人福祉施設入所者生活介護を行う事業者の指定を受けるには、指定基準として人員基準、設備基準、運営基準をクリアする必要があります。

【人員基準】

入所者に対し健康管理や療養上の指導を行うために必要な数の医師を置くことが必要です。また、生活相談員を1人以上、介護職員と看護職員（看護師・准看護師）の総数を常勤換算方法で入所者数が3人またはその端数を増すごとに1人以上、看護職員を1人以上、栄養士または管理栄養士を1人以上、機能訓練指導員を1人以上、介護支援専門員を1人以上、それぞれ置くことも必要です。

【設備基準】

居室の定員・床面積、静養室の場所、浴室・洗面設備・便所・医務室の設備、食堂や機能訓練室の広さ、廊下幅、消火設備といった点について基準が設けられています。

【運営基準】

サービス提供困難時の対応、サービスの提供の記録、利用料等の受領、緊急時等の対応、勤務体制の確保等といった点について、一定の基準に従って運営しなければならないとされています。

■ 地域密着型介護老人福祉施設入所者生活介護 ....

概要	定員が29人以下の小規模な特別養護老人ホーム ⇒既存の特別養護老人ホームの近くで、セットで運営されているケースも多い
サービス内容	・医療行為は行わない ・日常生活上の世話を中心としたサービスが提供される
特徴	・少人数制で家庭的な雰囲気がある ・地域や家庭とのつながりを重視している
利用者に関する要件	① 事業者が所在する市町村の住民である
	② 要介護3以上の認定を受けている（要介護1・2でも特例的に入所可能となる場合がある）
	③ 心身に著しい障害があるため常時介護が必要である
	④ 在宅介護が困難

15 地域密着型特定施設入居者生活介護のしくみと事業者の指定基準

少人数で家庭的な有料老人ホームやケアハウス

■■ 地域密着型特定施設入居者生活介護とは

　定員29名以下の少人数制の有料老人ホームやケアハウス（軽費老人ホーム）などで提供される介護サービスです。特定施設入居者生活介護との違いは、少人数制で家庭的な雰囲気を持つことや、介護サービスの外部委託がないことなどです。それ以外の点では、特定施設入居者生活介護とほぼ同じです。

　介護報酬については、地域密着型特定施設入居者生活介護費が１日につき、要介護１（546単位）、要介護２（614単位）、要介護３（685単位）、要介護４（750単位）、要介護５（820単位）などと設定されています（令和６年４月以降）。

■■ 地域密着型特定施設入居者生活介護の指定を受けるための基準

　地域密着型特定施設入居者生活介護を行う事業者の指定を受けるには、以下の人員基準、設備基準、運営基準をクリアする必要があります。

【人員基準】

① 従業員についての基準

　以下のように、生活相談員、介護職員または看護職員（看護師・准看護師）、機能訓練指導員、計画作成担当者を配置します。

ⓐ 生活相談員についての基準

　生活相談員を１名以上配置します。生活相談員のうち１名以上は常勤でなければなりません。

ⓑ 介護職員と看護職員についての基準

　介護職員または看護職員の合計数を、常勤換算方法で、利用者の数

が３名またはその端数を増すごとに１名以上配置します。また、看護職員を常勤換算方法で１名以上配置します。

ⓒ 　**機能訓練指導員についての基準**

機能訓練指導員を１名以上配置します。他の職との兼務可能です。

ⓓ 　**計画作成担当者についての基準**

計画作成担当者として介護支援専門員を１名以上配置します。専従が原則ですが、利用者の処遇に支障がない場合は、他の職との兼務可能です。

② 　**管理者についての基準**

専従かつ常勤の管理者を配置します。ただし、管理上支障がない場合は、他の職との兼務可能です。

【設備基準】

特定施設入居者生活介護の設備基準と基本的に同じですが、浴室や食堂については、利用者が同一敷地内にある他の事業所、施設の浴室や食堂を利用できる場合は設置不要であることなどが異なります。

【運営基準】

特定施設入居者生活介護と基本的に同じですが、地域との連携等に関する規定などが追加されている点が異なります。

■ **地域密着型特定施設入居者生活介護** ·······································

概　要	定員29人以下の少人数制の有料老人ホームやケアハウス（軽費老人ホーム）などで提供される介護サービス	
特　徴	・少人数制で家庭的な雰囲気を持つ ・介護サービスの外部委託がない	
介護報酬 （１日あたり）	要介護１	546単位
	要介護２	614単位
	要介護３	685単位
	要介護４	750単位
	要介護５	820単位

16 地域密着型通所介護のしくみと事業者の指定基準

利用者と事業者の距離が近い通所サービス

▓▓ 地域密着型通所介護とは

　定員18名以下の通所施設などで提供されるサービスで、小規模デイサービスとも呼ばれます。通所介護に比べて小規模な施設でサービスが提供され、より地域との連携が密になることや、サービスを提供する事業者と利用者の距離が近く、事業者の運営に関して透明性が確保できることがメリットとされています。利用者には施設に通ってもらい、食事・入浴をはじめ日常生活上の支援を提供します。その他、機能訓練なども提供し、利用者が自宅で自立した生活を営めるように支え、精神的なサポートを図ります。それにより、利用者が社会から孤立した感覚を持たず、心身の機能の維持などに取り組めます。また、利用者の介護を担う家族の身体的・精神的な負担も軽減できます。

　介護報酬は、地域密着型通所介護費のうち提供時間が7時間以上8時間未満の場合、要介護1（753単位）、要介護2（890単位）、要介護3（1,032単位）、要介護4（1,172単位）、要介護5（1,312単位）などと設定されています（令和6年4月以降）。

▓▓ 地域密着型通所介護の指定を受けるための基準

　地域密着型通所介護を行う事業者の指定を受けるには、以下の人員基準、設備基準、運営基準をクリアする必要があります。障害者と高齢者が同じ事業所でサービスの提供を受ける「共生型」の基準もありますが、ここでは通常の高齢者を対象とした基準を取り上げます。

【人員基準】

　以下のように生活相談員、看護職員（看護師・准看護師）、介護職

員、機能訓練指導員、管理者を配置します。なお、生活相談員または介護職員のうち1名以上は常勤でなければなりません。

① **生活相談員についての基準**

　サービス提供の時間帯を通じて、専従の生活相談員を1名以上確保する必要があります。時間帯を通じて1名以上確保されていればよいので、複数人が交代でサービスを提供することも可能です。

② **看護職員についての基準**

　サービス提供の時間帯に応じて、利用者数が15名以下の場合は1名以上、利用者数が16～18名の場合は利用者が1名増すごとに0.2を加えた数以上の専従の介護職員を配置します。

③ **介護職員についての基準**

　利用者数が15名以下の場合は1名以上、16～18名の場合は2名以上の介護職員を配置します。

④ **機能訓練指導員についての基準**

　機能訓練指導員を1名以上配置します。他の職と兼務可能です。

⑤ **管理者についての基準**

　専従かつ常勤の管理者を配置します。ただし、管理上支障がない場合は、他の職との兼務可能です。

【設備基準】

　食堂、機能訓練室、静養室、相談室、事務室、非常災害時に必要な設備などを設置します。食堂と機能訓練室は、定員1名あたり3㎡以上の広さが必要です。相談室は、相談内容が外部に漏えいしないように遮へい物などの設置が必要です。非常災害時に必要な設備とは、消防法その他の法令等に規定された消火設備などの設備です。

【運営基準】

　サービス提供困難時の対応、心身の状況等の把握、運営規程、勤務体制の確保、衛生管理、地域との連携等といった項目についての基準が設けられています。

17 認知症対応型通所介護のしくみと事業者の指定基準

自宅で生活する認知症のある要介護者の生活をサポートする

■■ 認知症対応型通所介護とは

　自宅で生活している認知症の要介護者にデイサービスセンターなどに通ってもらい、入浴、排せつ、食事などの日常生活上の世話や機能訓練を提供するのが認知症対応型通所介護です。通常のデイサービスと異なり、専門的な認知症ケアを行えるのが特徴であるため、利用にあたっては医師による「認知症」の診断が必要です。施設は併設型や共用型が多いようですが、最近は民家をバリアフリー対応に改装した小規模な施設もあります。認知症対応型通所施設では、利用者が家庭的な雰囲気の中でゆったりした気分で過ごせるため、症状の進行を遅らせ、できるだけ自立した生活を送ることが可能となります。

　利用料は、どこで実施されているかによって、単独型、併設型、共用型の3種類の料金区分があります。併設型とは、病院や特別養護老人ホームなどの施設に併設されている形態です。共用型とは、グループホームなどの居間や食堂を共用して利用する形態のことです。

　介護報酬（令和6年4月以降）は、たとえば、単独型（認知症対応型 通所介護費ⅰ）で7時間以上8時間未満のサービスを提供した場合、要介護1（994単位）、要介護2（1,102単位）、要介護3（1,210単位）、要介護4（1,319単位）、要介護5（1,427単位）と設定されています。

■■ 認知症対応型通所介護事業者としての指定を受けるための基準

　単独型・併設型と共用型で指定基準が異なります。以下では、単独型・併設型の指定基準を取り上げます。なお、介護予防認知症対応型通所介護と認知症対応型通所介護の指定基準は、基本的には同じです

が、若干異なる点もあります。

【人員基準】

　生活相談員、看護職員（看護師・准看護師）または介護職員、機能訓練指導員、管理者を配置します。生活相談員、看護職員または介護職員のうちの1名以上は常勤でなければなりません。

① **生活相談員についての基準**

　単位ごとに、サービスを提供する時間帯を通じて専従の生活相談員を1名以上配置する必要があります。

② **看護職員または介護職員についての基準**

　単位ごとに、専従の看護職員または介護職員を1名以上と、サービスを提供する時間帯を通じて専従の看護職員または介護職員を1名以上配置しなければなりません。

③ **機能訓練指導員についての基準**

　機能訓練指導員を1名以上配置します。他の職と兼務可能です。

④ **管理者についての基準**

　厚生労働大臣が定める研修（認知症対応型サービス事業管理者研修が原則）を修了した常勤かつ専従の管理者を配置します。ただし、事業所の管理上支障がない場合は、他の職と兼務可能です。

【設備基準】

　食堂、機能訓練室、静養室、相談室、事務室、非常災害時に必要な設備などを設置します。食堂と機能訓練室は、利用定員1名あたり3㎡以上の広さが必要です。相談室は、相談内容が外部に漏えいしないように遮へい物などを設置する必要があります。非常災害時に必要な設備とは、消防法その他の法令等に規定された設備（消火設備など）です。

【運営基準】

　運営基準には、地域との連携、職員の秘密保持、運営規程に定めるべき事項、衛生管理、非常災害対策、苦情処理、勤務体制の確保などの項目について基準が設けられています。

18 認知症対応型共同生活介護のしくみと事業者の指定基準

認知症の高齢者に家庭的な環境の下でケアを行う

■■ 認知症対応型共同生活介護とは

認知症の高齢者が5～9人で共同生活をする施設（ユニット）で提供される介護サービスを認知症対応型共同生活介護といい、グループホームとも呼ばれます。認知症の高齢者が家庭的な環境で生活できるのが特徴です。グループホームは、特別養護老人ホームなどの大型施設に併設されている場合が多いようですが、民家を改装した小規模施設の場合もあります。なお、居宅サービスや施設サービスなどの運営を3年以上経験した事業者が行うなどの要件を満たせば、短期の入居者の受入れも可能です。利用料は要介護度に応じて決定されます。

介護報酬（令和6年4月以降）は、たとえば、認知症対応型共同生活介護費Iの場合、1日につき、要介護1（765単位）、要介護2（801単位）、要介護3（824単位）、要介護4（841単位）、要介護5（859単位）と設定されています。

認知症の高齢者を社会から隔離せず、ユニットで、地域住民との交流の下で、入浴・排せつ・食事などの日常生活上の支援や機能訓練などを行い、個々の能力に応じて自律した生活を実現することをめざします。そのため、認知症の症状が急性の者は利用できません。

■■ 認知症対応型共同生活介護事業者としての指定を受けるための基準

指定を受けるには、人員基準、設備基準、運営基準をクリアする必要があります。なお、介護予防認知症対応共同生活介護と認知症対応型共同生活介護の指定基準は、ほとんど同じですが、運営基準に異なる部分もあります。

【人員基準】

介護従業員、計画作成担当者、管理者、代表者の人員配置、資格などについて基準が設けられています。

① **介護従業員についての基準**

介護従業員のうち1名以上は常勤でなければなりません。介護従業員の配置基準は、次のように昼間と夜間・深夜で異なります。

ⓐ 昼間は、利用者数が3名またはその端数を増すごとに、常勤換算方法で1名以上を配置します。

ⓑ 夜間・深夜は、宿直勤務を除いて、時間帯を通じてユニット（共同生活住居）ごとに1名以上を配置します。夜間・深夜の介護従業員は、利用者の処遇に支障がなければ、併設されている施設の職務に従事できる場合もあります。

② **計画作成担当者についての基準**

厚生労働大臣が定める研修（認知症介護実践者研修が原則）を修了した計画作成担当者を配置します。専従が原則ですが、利用者の処遇に支障がなければ、他の職と兼務可能です。計画作成担当者のうち1名以上は、介護支援専門員でなければなりません。

③ **管理者についての基準**

常勤かつ専従の管理者を置かなければなりません。ただし、管理上

■ **認知症対応型共同生活介護** ···

【介護報酬】（認知症対応型共同生活介護費Ⅰの1日あたり）
　要介護1：765単位、要介護2：801単位、要介護3：824単位、
　要介護4：841単位、要介護5：859単位

の支障がない場合は、他の職との兼務可能です。管理者の資格を持つのは、次の２つの条件を満たす人です。

ⓐ 施設の従業員・ヘルパーとして３年以上認知症の者の介護に従事

ⓑ 認知症対応型サービス事業管理者研修を修了

④ **代表者についての基準**

次のいずれかの経験があり、かつ、認知症対応型サービス事業開設者研修を修了した代表者を置かなければなりません。

ⓐ 施設の従業員・ヘルパーとして認知症の者の介護に従事した。

ⓑ 保健医療サービスまたは福祉サービスの事業経営に携わった。

【設備基準】

① **設備についての基準**

利用定員５～９名のユニット（共同生活住居）を１～３（サテライト型は１～２）設置できます。各々のユニットには、居室、居間、食堂、台所、浴室、防災設備などの必要な設備を設けます。居室の床面積は7.43㎡以上として個室とします。ただし、利用者の処遇上必要な場合は２人での入居も可能です。なお、居間と食堂は、同じ場所でもかまいませんが、それぞれの機能は独立していることが望ましいとされています。また、複数のユニットを設ける場合は、居間、食堂、台所は、ユニットごとに専用の設備にします。

② **立地についての基準**

事業所は、住宅地と同程度に家族や地域住民との交流の機会を確保できる場所に設ける必要があります。

【運営基準】

運営基準には、運営方針、介護、運営規程に定めるべき事項、入退去などの項目について基準が設けられています。

19 定期巡回・随時対応型訪問介護看護のしくみと事業者の指定基準

訪問介護と訪問看護のサービスを一体的に提供する

■■ 定期巡回・随時対応型訪問介護看護とは

　訪問介護と訪問看護のサービスを一体的に24時間体制で提供するサービスです。利用者は介護サービスとともに看護サービスを一体的に受けることができます。具体的なサービスの内容は、①訪問介護員が定期的に居宅を巡回して日常生活上の世話を行う（定期巡回）、②通報を受けたオペレーターが利用者の状況に応じたサービスを手配する（随時対応）、③通報を受けて訪問介護員が居宅を訪問して日常生活上の世話を行う（随時訪問）、④看護師などが居宅を訪問して療養上の世話や診察の補助を行う（訪問看護）というものです。

　介護報酬は、定期巡回・随時対応型訪問介護看護費Ⅰのうち訪問看護サービスを行う場合、1か月につき、要介護1（7,946単位）、要介護2（12,413単位）、要介護3（18,948単位）、要介護4（23,358単位）、要介護5（28,298単位）などと設定されています（令和6年4月以降）。

　運営方法は、一体型事業所と連携型事業所の2つがあります。一体型事業所は、定期巡回・随時対応型訪問介護看護を行う事業所に介護職員と看護職員の両方が配置され、上記の①〜④を提供するしくみです。一方、連携型事業所は、事業所に介護職員がいて、上記の①〜③を提供し、訪問看護は提携している訪問看護事業所が提供するしくみです（上記の④を連携先に委託）。

■■ 定期巡回・随時対応型訪問介護看護の指定を受けるための基準

　定期巡回・随時対応型訪問介護看護を行う事業者の指定を受けるには、人員基準、設備基準、運営基準をクリアする必要があります。

【人員基準】

① **訪問介護員などについての基準**

　提供時間帯を通じて利用者からの通報受付業務にあたるオペレーターを常勤で1名以上配置する必要があります。また、定期巡回を行う訪問介護員を必要数以上、随時訪問を行う訪問介護員を1名以上配置する必要があります。いずれも専従が原則ですが、利用者の処遇に支障がない場合は、他の職務との兼務可能です。

② **看護職員についての基準**

　訪問看護を行う看護職員（保健師・看護師・准看護師）を常勤換算方法で2.5人以上配置し、1人以上は常勤の保健師または看護師であることが必要です。

③ **計画作成責任者についての基準**

　事業所の看護師、介護福祉士などの中から1人以上を定期巡回・随時対応型訪問介護看護計画の作成に従事する者として配置します。

④ **管理者についての基準**

　常勤かつ専従の管理者を置きます。管理上支障がない場合は、他の職務との兼務可能です。

【設備基準】

　事業の運営を行うのに必要な広さがある専用の区画や、サービスの提供に必要な設備や備品を事業所に備える必要があります。利用者の心身の状況などの情報を蓄積できる機器や、随時適切に利用者からの通報に対応できる通信機器も事業所に備える必要があります。また、利用者に対しては、適切にオペレーターに通報できる端末機器を配布しなければなりません。

【運営基準】

　主治医との関係、提供拒否の禁止、同居家族へのサービス提供の禁止、運営規程、勤務体制の確保、事故発生時の対応、定期巡回・随時対応型訪問介護看護計画の作成などの基準が設けられています。

20 看護小規模多機能型居宅介護のしくみと事業者の指定基準

通いサービスを基本に訪問や宿泊のサービスを受けることもできる

■■ 看護小規模多機能型居宅介護とは

　看護小規模多機能型居宅介護（看多機）は、前述した「小規模多機能型居宅介護」および「訪問看護」を一体的に提供する複合型サービスの一類型です。医療処置も含めた多様なサービスを24時間365日提供できるのが特徴です。事業所への通いを基本にしつつ、短期間の宿泊や利用者宅への訪問（介護・看護）も可能です。令和6年施行の介護保険法改正で、看多機のサービス内容につき、事業所での「通い」「宿泊（泊まり）」における看護サービス（療養上の世話または必要な診療の補助）が含まれる旨を明確化しています。

　介護報酬（令和6年4月以降）は、同一建物（併設する有料老人ホームなど）に居住する者以外の者に対して行う場合、1か月につき、要介護1は12,447単位、要介護2は17,415単位、要介護3は24,481単位、要介護4は27,766単位、要介護5は31,408単位と設定されています。

■■ 看護小規模多機能型居宅介護事業者の指定を受けるための基準

　指定を受けるには、指定基準として人員基準、設備基準、運営基準をクリアする必要があります。

【人員基準】

　人員基準については、従業員、計画作成者、管理者、代表者といった職種の配置や資格などの基準が設けられています。

① 従業員についての基準

　昼間と夜間・深夜で人員配置の基準が異なります。小規模多機能型居宅介護とは異なり、従業員のうち1名以上は常勤の保健師または看

護師を配置し、従業員のうち常勤換算方法で2.5名以上は看護職員（看護師または准看護師）でなければなりません。

ⓐ 昼間の時間帯

通いのサービスの利用者数が３名またはその端数を超えるごとに常勤換算方法で１名以上の従業員の配置が必要です。また、訪問サービスの提供にあたる従業員を常勤換算方法で２名以上配置する必要があります。また、通いサービスと訪問サービスのそれぞれに、その提供にあたる看護職員を１名以上配置する必要があります。

ⓑ 夜間・深夜の時間帯

夜間・深夜勤務１名以上、宿直勤務１名以上の従業員の配置が必要です。ただし、宿泊サービスの利用者がいない場合は、夜間・深夜の時間帯を通じて訪問サービスを提供するために必要な連絡体制があれば、夜間・深夜勤務や宿直勤務の従業員の配置は不要です。

② **計画作成者**についての**基準**

小規模多機能型サービス等計画作成担当者研修を修了した介護支援専門員を配置します。専従が原則ですが、他の職種との兼務も可能な場合があります。

③ **管理者**についての**基準**

次のⓐⓑの条件を満たすか、保健師または看護師である常勤の管理者を配置します。専従が原則ですが、他の職種との兼務も可能な場合があります。

ⓐ 特別養護老人ホーム、介護老人保健施設などの従業員や訪問介護員などとして３年以上認知症の者の介護に従事した経験がある。

ⓑ 認知症対応型サービス事業管理者研修を修了している。

④ **代表者**についての**基準**

次のⓐⓑのいずれかの経験がある認知症対応型サービス事業開設者研修の修了者か、保健師または看護師である代表者を配置します。

ⓐ 特別養護老人ホーム、介護老人保健施設などの従業員や訪問介護

員などとして認知症高齢者の介護に従事した。

ⓑ　保険医療サービスまたは福祉サービスの事業経営に携わった。

【設備基準】

① 　**登録定員・利用定員についての基準**

　登録定員は29名以下とします。利用定員は事業者が法律で決められた範囲内で設定できます。

② 　**設備についての基準**

　居間、食堂、台所、宿泊室、浴室その他必要な設備や備品等を置きます。居間と食堂は、機能を十分に発揮できる広さが必要です。居間と食堂を同じ場所にしてもかまいません。宿泊室は定員１名の個室としますが、処遇上必要な場合は２人部屋とすることも可能です。個室の床面積は１人あたり7.43㎡以上を確保します。また、個室以外の宿泊室は、パーテーションなどを用いてプライバシーを確保します。

③ 　**立地についての基準**

　事業所は、住宅地または住宅地と同程度に家族や地域住民との交流の機会を確保できる場所に設ける必要があります。

【運営基準】

　運営基準には、サービス提供困難時の対応、心身の状況等の把握、運営規程に定めるべき事項、主治医との関係、定員の遵守、地域との連携等などの項目が定められています。

■ 看護小規模多機能型居宅介護 ·······························

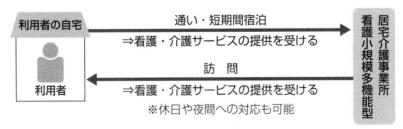

21 介護予防・日常生活支援総合事業について知っておこう

さまざまな生活のニーズに応えるために総合的なサービスを提供するしくみ

■■ どんな制度なのか

　介護予防・日常生活支援総合事業（総合事業）は「地域包括ケアシステム」の考え方と密接に関係しています。地域包括ケアシステムとは、住み慣れた地域で、医療・介護・予防・住まい・生活支援が一体的に提供されることです。おおむね中学校が設置される校区を単位とする日常生活圏域ごとに、その圏域の特性に応じて、病院、リハビリ施設、介護サービス事業所などが専門的なサービスを提供します。そして、老人クラブや自治会、ボランティア、NPOなど多様な主体が生活支援や介護予防サービスを一体的に提供することで、住み慣れた地域で自分らしい生活を人生の最後まで続けることを可能にしています。そういった地域のニーズに合わせた生活支援サービスを介護予防・日常生活支援総合事業が担います。なお、介護が必要な人の著しい増加傾向に伴い、かつての介護予防訪問介護と介護予防通所介護のサービスが、総合事業へ再編されています。

　総合事業は、一般介護予防事業と介護予防・生活支援サービス事業に分けられます。一般介護予防事業は、支援を要する高齢者を把握する取組み、介護予防活動の普及・啓発、住民主体の介護予防活動の育成・支援、地域のリハビリテーション活動の支援などを行います。これに対し、介護予防・生活支援サービス事業は、訪問型サービス、通所型サービス、その他の生活支援サービスに分けられます。

・訪問型・通所型サービス

　従来型の訪問型サービスと通所型サービスは、かつての介護予防訪問介護、介護予防通所介護と同様の基準に従って提供されるサービス

を指しています。つまり、訪問型サービスにおいては、身体介護を中心とするサービスが提供され、実際のサービスは、訪問介護員が行います。通所型サービスにおいては、生活機能向上を目的とした機能訓練に関するサービスが提供され、実際のサービスは、通所介護事業者に従事する人が行います。

　さらに、多様なサービスとして緩和した基準によるサービスを市町村独自で定めることができます。これらのサービスの中には、住民のボランティア主体による支援もあります。具体的な内容として、ヘルパーによる掃除や洗濯、買い物などの代行サービス、専門的な知識がなくても提供できる簡易な運動機能維持を目的に提供されるサービスが挙げられます。

・生活支援サービス

　訪問型・通所型のサービスとは別に、利用者の生活上必要なサービスとして、①栄養状態の改善を目的とする配食、②おもに住民ボランティアによる見守り活動（定期的な安否確認・緊急時の対応）などのサービスを提供します。

■ 介護予防・日常生活支援総合事業の内容 ·····························

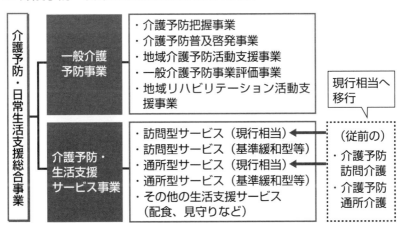

■■ どんな人が利用できるのか

　介護予防・日常生活支援総合事業を利用する場合、必ずしも要介護度の認定は必要ありません。一般介護予防事業は、65歳以上の高齢者であれば、日常生活に支障がなくても利用できます。地域の施設や公民館に集まって、交流会やサロン、趣味活動を通して、日中の居場所づくりや介護予防が可能です。

　介護予防・生活支援サービスは、要支援1・2該当者、基本チェックリストの該当者が利用できます。基本チェックリストは、生活機能の低下がみられるかどうか簡易判定するものです。煩雑な介護認定を行わないため迅速なサービス利用を可能にしています。また、利用前に地域包括支援センターが介護予防ケアマネジメントを実施します。

■■ 介護報酬について

　介護予防・生活支援総合事業においては、地域の実情を考慮してサービス内容を決定することができます。そのため、全国一律で介護報酬を決定するのではなく、市町村が独自の基準に従って、介護報酬の単価・サービスの利用料を決定することになります。

　たとえば、訪問型・通所型サービスについては、必要な人員（特に専門的な知識・技能を持った人を配置する場合は、より高額に設定されます）、提供するサービスの内容、地域の実情を考慮して、市町村が適正な価額を設定します。もっとも、予防給付において国が定める金額を超えることはできませんので、注意が必要です。

■■ 介護予防・日常生活支援総合事業者としての指定を受けるための基準

　介護予防・日常生活支援総合事業の提供を担う事業者は、原則として市町村から指定を受ける必要があります。訪問型・通所型サービスは、それぞれ現行相当サービスと緩和した基準によるサービス（基準緩和型）に分けられます。現行相当サービスは、要介護者を対象とし

た訪問介護や通所介護と一体的に提供する事業所が多いため、指定基準は訪問介護と通所介護の指定基準とほぼ同じです。本書では東京都中野区を例にして、基準緩和型の指定基準を記載します。

① 生活援助サービス（基準緩和型の訪問型サービス）

【人員基準】

以下の人員を配置しなければなりません。

・生活援助員（介護福祉士、一定の研修を受講した者など）

・常勤の訪問事業責任者（常勤の生活援助員の中から選任）

・常勤かつ専従の管理者（事業所ごとに配置）

【設備基準】

事業の運営を行うため必要な広さを有する専用の区画を設け、サービス提供に必要な設備や備品などを備えなければなりません。

【運営基準】

運営規程に記載する内容、勤務体制の確保、提供拒否の禁止、地域包括支援センターとの連携などの項目について基準が設けられています。

② 活動援助サービス（基準緩和型の通所型サービス）

【人員基準】

以下の人員を配置しなければなりません。

・選任の介護職員を利用者15人以下の場合１人以上、15人以上の場合は超えた数が５人増えるごとに１人以上を追加で配置

・活動援助相談員（介護職員の中から選任）

【設備基準】

食堂、機能訓練室、静養室、相談室、事務室、消火設備を備える必要があります。機能訓練室は利用定員１名あたり３㎡以上必要です。

【運営基準】

運営規程に記載する内容、定員の遵守、非常災害対策、衛生管理などの項目について基準が設けられています。

包括的支援事業について知っておこう

■■ 包括的支援事業と地域包括支援センター

　包括的支援事業とは、地域支援事業の一環として、高齢者が要介護・要支援の状態となるのを予防するとともに、要介護・要支援の状態となった場合においても、可能な限り、地域において自立した日常生活を営むことができるように支援するための事業です。包括的支援事業の実施主体は市町村であり、市町村は包括的支援事業の実施義務を負っています。この点は任意事業とは異なるところです。また、市町村が包括的支援事業を自ら実施するのが原則ですが、老人介護支援センター（老人福祉法に基づく機関）などに実施を委託することも認められています。

　そして、包括的支援事業を地域において一体的に実施する役割を担う中核的機関として位置付けられているのが、市町村（または市町村から包括的支援事業の実施を委託された事業者）の設置する地域包括支援センターです。地域包括支援センターの設置は任意ですが、多くの市町村において設置されているようです。市町村は、地域包括支援センターにおいて適正に事業を実施することができるよう、その体制の整備（適切な人員体制の整備など）に努めます。

　地域包括支援センターは、地域支援事業において、介護予防・生活支援サービス事業の利用者が適切なサービスを受けているのかなどをチェックして、介護予防ケアマネジメントを行います。また、地域支援事業にとどまらず、介護予防給付についても、要支援者を対象に介護予防ケアマネジメントを行います。したがって、地域包括支援センターは、利用者に対して過剰なサービスを提供することへの重要な歯

止めになっています。また、地域支援事業は、要支援・要介護の状態に陥る前からのケアマネジメントを可能にする制度であって、実際に要支援・要介護の認定を受けた後も、連続的に適切なケアマネジメントを行うことができるという利点もあります。

■■ 包括的支援事業にはどんな事業があるのか

　包括的支援事業の具体的な内容は、介護予防ケアマネジメント（第一号介護予防支援事業）以外には、以下のように分類ができます。

① 　地域の高齢者の状況の実態の把握を行い、地域における適切な保健・医療・福祉サービス、機関または制度の利用につなげるなどの支援を行う業務（総合相談支援業務）

② 　高齢者虐待への対応、成年後見制度の活用促進、消費者被害の防止などの権利擁護に関する業務（権利擁護業務）

③ 　地域における連携・協働の体制づくり（関係機関とのネットワークの構築など）、地域のケアマネジャーに対する相談・助言・指導などの業務（包括的・継続的ケアマネジメント支援業務）

④ 　介護サービス事業者と医療機関との連絡・調整など（在宅医療・

■ 包括的支援事業とは ……………………………………………

包括的支援事業 市町村に義務付けられた利用者への包括的・一体的な支援
　　　　　　　　⇒老人介護支援センターなどの事業者に委託可能
　　　　　　　　★市町村の委託を受けた事業者は地域包括支援センターの設置が可能

┌─【おもな事業内容】───────────────────────┐
　① 介護予防ケアマネジメント　　② 総合相談支援業務
　③ 権利擁護業務　　④ 包括的・継続的ケアマネジメント支援業務
　⑤ 在宅医療・介護連携推進事業　　⑥ 生活支援体制整備事業
　⑦ 認知症総合支援事業
└──────────────────────────────────┘

介護連携推進事業）

⑤　高齢者の地域における自立した日常生活の支援などに関する体制の整備（生活支援体制整備事業）

⑥　認知症の早期発見や症状の悪化防止など（認知症総合支援事業）

■■ 地域包括支援センターに関する改正

　地域包括支援センターは、高齢者が住み慣れた地域で安心して暮らせるように、介護や福祉、医療などを総合的に支援する高齢者のための総合窓口です。おもな担当業務として、①総合相談支援業務、②権利擁護業務、③包括的・継続的ケアマネジメント支援業務、④介護予防支援・介護予防ケアマネジメントがあります。

　令和6年（2024年）4月1日から施行された「全世代対応型の持続可能な社会保障制度を構築するための健康保険法等の一部を改正する法律」では、「医療・介護の連携機能及び提供体制等の基盤強化」において、地域包括支援センターの体制整備が改正事項として組み込まれています。居宅介護支援事業所などの地域における既存の資源の効果的な活用・連携を図りながら、地域包括支援センターが、総合相談支援業務や介護予防支援（介護予防ケアプランの作成など）といった地域住民への支援をより適切に行う体制の整備を図ることが目的です。

　おもな改正点として、上記の担当業務のうち、①総合相談支援業務の一部を居宅介護支援事業所（ケアマネ事業所）に委託できるようになりました。委託を受けたケアマネ事業所は、市町村等の方針に従って業務を行います。また、④介護予防支援・介護予防ケアマネジメントについても、ケアマネ事業所が市町村からの指定を受けて実施できるようになりました。指定を受けたケアマネ事業所は、市町村や地域包括支援センターと連携をとりながら要支援者への介護予防支援を行います。

23 任意事業について知っておこう

介護給付費等費用適正化事業や家族支援事業などを行う

任意事業とはどんな制度なのか

　任意事業とは、地域支援事業の一環として、利用者に対するさまざまな支援を行う事業です。また、介護保険サービスの利用者が、住み慣れた地域で快適に生活できるように、介護保険事業の安定的な運営を支援するという目的もあります。任意事業の対象者は、介護保険の被保険者や要介護者を介護する家族、その他市町村が認めた者です。介護予防・日常生活支援総合事業や包括的支援事業の実施が法的な義務であるのに対して、任意事業の実施の有無については市町村の裁量に任されています。

どんな事業があるのか

　任意事業は、地域の実態に合わせて、比較的幅広い事業の展開ができます。以下、厚生労働省が任意事業として掲げている事業の分類に従って、①介護給付費等費用適正化事業、②家族介護支援事業、③その他の事業に分けて、具体的な事業の内容を見ていきましょう。

① 介護給付費等費用適正化事業

　介護給付費等費用適正化事業とは、利用者にとって適切なサービスの確保のため、特に介護給付費などの費用の適正化に必要な事業のことです。おもな事業内容は、かつては「要介護認定の適正化」「ケアプランの点検」「住宅改修等の点検、福祉用具購入・貸与調査」「医療情報との突合・縦覧点検」「介護給付費通知」の5つとされており、まとめて介護給付適正化主要5事業といいます。

　しかし、令和6年度（2024年度）からは、費用対効果を見込みづら

い「介護給付費通知」を主要事業から除外するとともに、実施の効率化を図るために「住宅改修の点検、福祉用具購入・貸与調査」を「ケアプラン点検」に統合し、これに「要介護認定の適正化」「医療情報との突合・縦覧点検」を合わせた３つの事業を主要事業として再編し、取組みの重点化を図ることになりました。

② 家族介護支援事業

家族介護支援事業とは、介護が必要な人を抱えた家族を対象に行う介護方法の指導など、必要な支援事業です。介護教室の開催や、認知症高齢者の見守り体制の整備などが挙げられます。

③ その他の事業

その他、任意事業として、地域の実情に合わせてさまざまな事業を運営することが可能です。各市町村の独自性が最も現れる事業といえます。たとえば、成年後見の申立てに必要な経費や後見人などに支払う報酬の助成を行う成年後見制度利用支援事業や、認知症高齢者グループホームの家賃などを助成する事業などが挙げられます。

■ おもな任意事業の内容とは ……………………………………

任意事業

介護給付費等費用適正化事業
・ケアプランの点検（住宅改修の点検、福祉用具の購入や貸与の調査を含む）
・要介護認定（要支援認定）の適正化
・医療情報との突合せ、縦覧点検　など

家族介護支援事業
・介護教室の開催、認知症高齢者の見守り体制の整備　など

その他の事業
市町村のオリジナリティが最も現れる事業
・成年後見制度利用支援事業、認知症高齢者グループホームの家賃助成　など

第3章

事業者になるための
申請手続き

1 事業者について知っておこう

介護保険のサービスを提供する事業者は指定を受けることが必要

▉▉ 事業者

　介護保険のサービスを提供するのは、行政機関ではなく、営利法人やNPO法人といった事業者です。介護保険のサービスを提供する事業者は、一定の基準（指定基準）を備えた上で（次ページ図）、都道府県知事（指定居宅介護支援事業者については市町村長）から指定を受ける必要があります。

　指定基準は利用者に適切な介護サービスが提供されるよう、サービスの水準を維持するために設けられています。事業者が指定を受けるための一定の基準については、原則として、各地方公共団体が条例により規定しています。また、介護を担う職員を確保する必要性が高まっていることから、指定を受けようとする事業者が、労働基準法をはじめとする労働法規に違反し、罰金刑を受けた場合には、指定を受けることができないとされています。

　都道府県知事や市町村長は、指定を申請した事業者が指定基準を満たす場合、基本的には事業者の求めに応じて指定を行わなければならないとされています。しかし、指定基準の判断にあたり、特に事業者が適正に介護保険サービスを継続して運営可能であるかを判断する際には、比較的幅広い裁量が認められます。したがって、判断の基礎になる事実に誤りがある場合や、判断のプロセスが著しく不合理とはいえない場合には、都道府県知事や市町村長の判断が違法と判断されることはないとされています。

　なお、指定基準の一つとして「欠格事由に該当しないこと」がありますが、欠格事由には、たとえば、過去5年以内に指定事業者の取消

処分を受けていることなどが挙げられます。事業者が指定の申請を行った場合、指定基準を満たし、欠格事由がない限り、原則として事業者・施設に関する指定を行わなければなりません。もっとも、施設サービスなどについては、事業者が施設を設置予定の地域において、すでに十分な介護保険のサービスが提供されているなどの状況が認められる場合には、例外的に指定を拒否することが認められています。

指定を受けた事業者は、その提供する介護保険のサービスによって、①指定居宅介護支援事業者、②指定居宅サービス事業者、③介護保険施設の3つに分類することができます。

■■ サービスを提供する事業所ごとに指定を受ける必要がある

介護保険のサービスを提供する際は「人員基準」「設備基準」「運営基準」を満たす必要があります。加えて、1つの事業者が複数の事業所を経営する場合、どのように指定を受けるのかを知っておく必要があります。たとえば、同一の事業者が複数の訪問介護事業所を経営している場合や、他で訪問介護事業所の指定を受けている事業者が新たな訪問介護事業所を設置する場合は、各々の訪問介護事業所で指定基準を満たす必要があります。すでに指定を持っているからといって、新たな訪問介護事業所を無指定で設置してサービスを提供することはできません。各々の事業所で指定申請の手続きを行います。

■ 事業者の指定基準 ···

・事業者が法人であること（原則）
・提供するサービスごとに所定の人員基準を満たしていること
・提供するサービスごとに適正な運営を行うこと、また、運営の際には所定の運営基準や設備基準に従っていること
・欠格事由に該当しないこと

2 事業者の指定について知っておこう

都道府県や市町村に申請し、指定を受けなければならない

■■ 指定事業者とは

　高齢者に対して在宅サービスや施設サービスなどを提供する事業者のうち、介護保険の適用を受けるサービス（介護サービス）を提供する事業者のことを指定事業者といいます。指定事業者には誰でもなれるわけではなく、都道府県知事（後述するように指定居宅介護支援事業者などは市町村長）に申請し、指定を受ける必要があります。指定を受ける際には、欠格事由に該当しないという基準に加え、次の3つの基準（指定基準）が満たされているかどうかが確認されます。

① 　事業者が法人格を持っていること（原則）

② 　人員基準を満たしていること

③ 　運営基準や施設基準に従った適正な運営を継続的に行えること

　指定事業者は、要介護者を対象に行うサービスについて大別すると、指定居宅介護支援事業者、指定居宅サービス事業者、介護保険施設の3つの種類に分かれます。

・指定居宅介護支援事業者

　ケアプランの作成や、提供するサービスの調整を行う事業者で、ケアマネジャーなどは、この事業者の下で業務を行います。指定居宅介護支援事業者は、在宅でサービスを受ける要介護者からの依頼を受けて業務を行います。

・指定居宅サービス事業者

　居宅サービスを提供する事業者です。指定居宅サービス事業者の指定は、提供するサービスの種類ごとに行われます。たとえば、事業者が訪問看護と訪問介護のサービスを提供したい場合には、訪問看護の

指定と訪問介護の指定をそれぞれ受ける必要があります。

・介護保険施設

　指定事業者が運営する施設です。介護保険施設は、指定介護老人福祉施設（特養）、介護老人保健施設（老健）、介護医療院に分けられます。かつての指定介護療養型医療施設は、令和6年（2024年）3月末をもって廃止され、その役割が介護医療院に引き継がれました。介護保険施設のうち、介護老人福祉施設は都道府県知事の指定を受けることが必要ですが、介護老人保健施設と介護医療院は都道府県知事の許可を受けることが必要とされています。

■■ 事業者の指定を行う主体

　事業者の指定を行う主体について。指定居宅サービス事業者と介護保険施設は都道府県知事が指定を行います。その他、要支援者を対象にして、介護予防訪問入浴介護サービスなどを提供する指定介護予防サービス事業者も、都道府県知事が指定を行います。

　これに対し、指定居宅介護支援事業者は市町村長が指定を行います。指定介護予防支援事業者も市町村長が指定を行います。その他、地域密着型サービスを提供する事業者（指定地域密着型サービス事業者や指定地域密着型介護予防サービス事業者）についても、市町村長の指定が必要になります。

■■ 人員基準、設備基準、運営基準には何が規定されているのか

　介護サービスごとの人員基準、設備基準、運営基準の詳細については「第2章　事業者が提供する介護サービスの種類」の各項目の中で説明しました。ここでは、人員基準、設備基準、運営基準に規定されている共通事項を中心に説明します。

・人員基準

　介護サービスを提供する上で、最低限必要な職種やその人数を規定

しているのが人員基準です。訪問系、通所系、施設系のサービスに応じて提供するサービスの内容も異なるので、必要となる職種や人数も異なります。たとえば、訪問介護においてオムツ交換などの身体介護や洗濯などの生活介護を提供する場合は、介護福祉士などのヘルパーが行います。一方で、医師の指示の下で医療的なケアを行う訪問看護は、看護師など専門的な資格を持った人が行う必要があります。施設系のサービスでは、ケアプランを作成するケアマネジャー、利用者の個別相談や入退去のサポートを行う生活相談員、食事の管理を行う栄養士などを配置する必要があります。

　必要な従業員数も規定されています。施設サービスや通所サービスでは、利用者3名に対して1名以上の介護職員や看護職員を配置するのが基本です（3対1）。一方、訪問サービスでは、1名の利用者に対して1名の職員がサービスを提供するのが基本です。なお、令和3年度改正で、指定介護老人福祉施設などが見守り機器などのICTを導入した場合、夜間の人員配置基準の緩和が認められました。また、令和6年度改正で、生産性向上に先進的に取り組む特定施設に限り、上記の3対1の人員配置基準が3.3対1に緩和されました。

・設備基準

　施設は病院と異なり生活の場でもあるため、基本的に病院と比べて広い居室面積が必要とされます。また、プライバシーへの配慮やバリアフリーにすることなどが求められます。高齢者は火災が起きると逃げ遅れることがあるため、消防設備などを備える必要もあります。

・運営基準

　運営する上で事業所が行うべき事項や留意すべき事項を規定するのが運営基準です。介護サービスは専門的なことも多く、利用者にはわかりにくいともいえます。そこで、事業者は、運営規程の概要やサービスの内容、料金を記載した重要事項説明書などを、利用開始前に利用者やその家族に説明して同意を得る必要があります。また、サービ

スの提供を拒否した場合や、何らかの理由でサービスが提供できない場合、他の事業者を紹介するなどのルールが定められています。

■■ サービスの種類ごとに指定を受ける

　介護サービスを提供する事業者は、都道府県知事や市町村長から指定を受ける必要があります。この指定は、事業者単位でなく、提供するサービスの種類ごとに受ける必要があります。指定を受ける場合には、サービスごとに定められた基本方針、人員基準、設備基準、運営基準に従う必要があります。たとえば、訪問・通所サービスなどについて指定を受ける場合は、ケアプランに沿ったサービスの提供、必要に応じたケアプランの変更、サービスの提供に関する事項の記録を残すこと、指定居宅介護事業者との連携などが求められます。

　一方、短期入所サービスについて指定を受ける場合には、不要な身体拘束の禁止、入浴・オムツ交換の頻度、職員以外の者による介護の禁止などについて、一定の基準に従う必要があります。

■■ 指定には特例もある

　介護保険についての指定を受けなくても、介護サービスが提供できる「特例」が適用される場合が、以下の3つあります。

① みなし特例（みなし指定）

　他の法律に基づく指定や許可などを受けている機関は、介護保険についての指定を受けたとみなされるという特例です。具体的には、健康保険法、老人福祉法、老人保健法に基づいて指定や許可などを受けている機関が一定の介護サービスを提供する場合に、みなし特例が適用されます。たとえば、保険医療機関（病院や診療所）が、訪問看護、訪問リハビリテーション、居宅療養管理指導などの介護サービスを提供する場合、介護保険についての指定を受ける必要がありません。

② 申請なしで指定介護保険施設となることができる特例

たとえば、介護保険法の施行前から存在していた既存の特別養護老人ホームや老人保健施設については、改めて介護老人福祉施設の指定や介護老人保健施設の許可を受ける必要がありません。

③　指定を受けていない事業者が提供するサービスであっても、市町村の判断で介護保険の給付対象とすることができる特例

　この特例の対象になるのは、市町村が一定の基準を満たしていると判断した事業者が提供する基準該当サービスと、サービス確保が難しい離島や過疎地において提供される離島等相当サービスです。

■■ 指定等の取消しや業務管理体制の届出について

　介護保険制度は、段階的に指定等（指定や許可）を受けた事業者に関する規制の見直しや強化を繰り返しており、介護サービスの質の向上を図ろうとしています。たとえば、以下のように、悪質な事業者の指定等を取り消すことで、介護保険の制度から締め出すしくみが導入されています。

①　指定等の更新拒否と取消しの制度

　指定等の有効期限を6年とし、更新時に適正な事業運営が不可能と判断された事業者は、指定等の更新が拒否されます。また、介護サービス事業者の指定等を行う都道府県知事や市町村長は、不正請求や虚偽報告を行う、労働基準法といった労働法規に違反して罰金刑を受けるなど、悪質な事業者の指定等を取り消すことが可能です。

②　整備すべき業務管理体制の届出の義務化

　事業者が運営する事業所等（事業所や施設）の数に応じて異なります。具体的には、事業所等が20未満の場合は法令遵守責任者の選任・届出、20以上100未満の場合は法令遵守規程の整備・届出と法令遵守責任者の選任・届出が必要です。100以上の場合は、これらに加えて、業務執行の状況の監査の方法の届出とその定期的な実施も必要です。

3 指定を受けるサービスの種類と手続きの流れを知っておこう

サービスに応じて都道府県や市町村の指定を受けることが必要

■■ 事業者として指定を受ける

　介護サービスにはさまざまな種類がありますが、介護サービスを提供する事業者となるためには、指定を受けることが必要です（一部の介護サービスは許可を受けることが必要ですが、本項目では「指定」と表現します）。具体的には、都道府県（都道府県知事）の指定を受けることが必要なサービスと、市町村（市町村長）の指定を受けることが必要なサービスがあります。

■■ 指定申請の手続きの流れ

　指定申請の流れは、①都道府県や市町村と事前相談、②必要な書類を作成、③都道府県や市町村の担当窓口で申請、④審査、⑤指定となるのが一般的です。指定申請の前に説明会や研修が行われている都道府県や市町村もあるので、事前相談の段階で確認しておく必要があります。また、指定申請の時期についても、事業開始日の2か月前末日までに申請するなど、申請期限が決まっていることが多いので、計画的に進めましょう。

　申請後は、事業所としての各種サービスの人員基準、設備基準、運営基準などを満たしているかどうか、申請者（事業者）やその法人役員が欠格事由に該当していないかどうかが審査されます。基準を満たしていれば指定が行われ、サービスを開始することができます。

　介護サービスは、このように一定の基準に基づく指定を行っている点に特徴があります。新規申請以外にも、人員配置が変更になった場合などの変更申請や、6年ごとの更新申請も行う必要があります。

■■ 指定事業者になるための必要な条件

　介護保険の適用を受ける事業者の指定を受けるためには、以下のような条件（指定基準）を満たしている必要があります。

① 　原則として事業者が法人であること（法人格を持っていること）
② 　人員基準を満たしていること
③ 　設備基準や運営基準を満たし、適切な事業の運営が行えること
④ 　欠格事由に該当しないこと

■■ 居宅サービスについての指定

　指定が必要な居宅サービスには、次ページ図のようなサービスがあります。介護給付、予防給付の各サービスの指定は都道府県が行います。都道府県の指定に関する事務は、指定都市（政令指定都市）および中核市に移譲されています。そのため、都道府県（指定都市、中核市）の担当窓口に事前相談を行う必要があります。

　なお、健康保険法で保険医療機関としてすでに指定されている病院や診療所が、訪問看護や訪問リハビリテーションなどを行う場合や、薬局が居宅療養管理指導などを行う場合は、指定申請を行わなくてもサービスを開始できます（みなし指定）。

■■ 施設サービスについての指定

　指定が必要な施設サービスには、次ページ図のようなサービスがあります。介護給付の各サービスの指定は都道府県（指定都市、中核市）が行います。なお、施設サービスの場合、指定申請を行う前に土地の取得や施設整備の準備などがあるため、都道府県の施設整備計画に沿って募集が行われます。募集に応募して選定され、工事の着工などを経て指定申請を行うという流れになります。

■■ 地域密着型サービスについての指定

　指定が必要な地域密着型サービスには、下図のようなサービスがあります。介護給付、予防給付の各サービスの指定は市町村が行います。

■ 介護サービスと指定権者 ……………………………………………

	介護サービス	指定権者
居宅サービス・介護予防サービス	訪問介護、 （介護予防）訪問入浴介護、 （介護予防）訪問看護、 （介護予防）訪問リハビリテーション、 （介護予防）居宅療養管理指導、 （介護予防）通所介護、 （介護予防）通所リハビリテーション、 （介護予防）短期入所生活介護、 （介護予防）短期入所療養介護、 （介護予防）特定施設入居者生活介護、 （介護予防）福祉用具貸与、 特定（介護予防）福祉用具販売	都道府県 （指定都市、中核市）
施設サービス	介護老人福祉施設、介護老人保健施設、 介護療養型医療施設、介護医療院	都道府県 （指定都市、中核市）
地域密着型サービス・地域密着型予防サービス	定期巡回・随時対応型訪問介護看護、 夜間対応型訪問介護、 地域密着型通所介護、 （介護予防）認知症対応型通所介護、 （介護予防）小規模多機能型居宅介護、 （介護予防）認知症対応型共同生活介護、 地域密着型特定施設入居者生活介護、 地域密着型介護老人福祉施設入所者生活介護、 看護小規模多機能型居宅介護	市町村
その他	居宅介護支援、介護予防支援	市町村
	介護予防・生活支援サービス事業	市町村

そのため、市町村の担当窓口に事前相談を行う必要があります。平成30年（2018年）4月からは「保険者（市町村）の機能強化」が行われています。地域のマネジメントを推進するため、保険者である市町村が介護サービスなどの供給量を調整できるように、指定拒否や条件付加のしくみが導入されています。これにより、地域密着型通所介護事業所などの数が市町村の介護保険事業計画の見込み量に達している場合に、事業所の指定を拒否することが可能になっています。

■■ その他のサービスについての指定

その他にも以下のサービスがあり、市町村が指定を行います。

① 居宅介護支援、介護予防支援

居宅サービスなどのケアプラン作成がおもなサービス内容です。これまで都道府県による指定でしたが、平成30年（2018年）4月からは市町村が指定を行うことになりました。その背景には、保険者（市町村）の機能強化があります。ケアプランは、介護保険の利用者と地域でサービスの提供を行う事業所の橋渡し的存在です。ケアマネジャーの育成、指導、支援を行うことが、サービスの質の向上に欠かせないため、市町村単位でそれらを行えるしくみが構築されました。

② 介護予防・生活支援総合事業

介護予防・生活支援総合事業は、一般介護予防事業と介護予防・生活支援サービス事業で構成されます。従来の介護予防訪問介護や介護予防通所介護が平成29年度（2017年度）までに介護予防・生活支援総合事業へと移行しました。後者の介護予防・生活支援サービス事業は、訪問型サービス（第1号訪問事業）と通所型サービス（第1号通所事業）に分かれており、市町村の指定を受ける必要があります。

4 介護報酬のしくみはどのようになっているのか

加算中心の報酬改定によって、小規模事業者が淘汰されるおそれも

■■ 介護報酬とは

　介護報酬とは、事業者が利用者に介護サービスを提供した場合に、保険者である市町村や利用者から事業者に対価として支払われるサービス費用です。介護報酬については、訪問介護や訪問入浴介護などの介護サービスの費用に応じて基本単価が設定されており、事業者の体制や利用者の状況に応じて加算・減算が行われます。なお、介護報酬は3年度ごとに大幅な改定が実施されており、直近では「令和6年度介護報酬改定」（令和6年度改定）が大幅な改定にあたります。

　介護保険では、サービスの単価を「単位」と呼ばれる指標で設定しています。厚生労働省の告示で、地域ごとに1単位あたり10.0円から11.4円と設定されており、月ごとに集計した単位数の合計に地域ごとの単価を乗じた金額が、その月に事業者が提供したサービスの対価となります。たとえば、訪問介護のうち20分以上30分未満の身体介護は、介護報酬が244単位と設定されています（令和6年度改定により250単位から引き下げられた）。このサービスを1か月に4回提供すると、244単位×10円×4回より9,760円が事業者の受け取る介護報酬となります（1単位＝10円の場合）。

　介護保険は費用の1割（原則）を利用者が負担するしくみになっているため、サービスの対価のうち1割を利用者が負担し、残りの9割を事業者が市町村から受け取ります（代理受領の場合）。上記の事例において、事業者は、介護報酬9,760円のうち、1割の976円を利用者から、9割の8,784円を市町村から受け取ります。ただし、一定以上の所得がある場合は、その所得に応じて利用者負担の割合が2割また

は3割に引き上げられていることに注意が必要です。

　このように、定率によって利用者の負担額が定められる場合、必要とする介護の程度が重度の人や、所得が低い人にとっては、負担が過大になるおそれがあります。そこで、負担が過大にならないように高額介護サービス費が設けられています。高額介護サービス費は、定率による利用者負担額が一定金額を超過した場合、後に超過分が利用者に償還されるしくみです。また、介護保険利用者があわせて医療保険の対象になる費用を負担している場合、介護保険の利用者負担金額と医療保険の一部負担金額の合計が高額になったときに備えて、高額医療合算介護サービス費の支給も行われています。

　この他、低所得層への手当とは異なりますが、災害などの特別な事情で利用者負担額の支払いが困難になった被保険者（利用者）に対して、市町村が利用者負担額を減免する制度があり、利用者負担額が1割の被保険者は、より低額の費用負担で介護サービスを利用できる場合があります。ただし、災害発生時の他、生計維持者の死亡や失業など、緊急な事態が発生した場合に限定される点に注意が必要です。

　なお、令和4年度介護報酬改定で、介護職員の賃金を3％程度（月額平均9,000円相当）引き上げるため、同年10月から「介護職員等ベースアップ等支援加算」として補助金を交付する処遇改善措置が講じられました。しかし、介護職員の処遇改善措置は他にもあるため、令和6年度改定で、同年6月から処遇改善措置を「介護職員等処遇改善加算」（4段階の設定がある）に一本化されます。かつての介護職員等ベースアップ等支援加算は、加算額の3分の2を介護職員等のベースアップ等（基本給または決まって毎月支払われる手当の改善）に充てることが要件とされています。一方、新制度である介護職員等処遇改善加算には、新加算Ⅳ相当の加算額の2分の1以上をベースアップ等に充てるとの要件がある（令和7年度より適用）ものの、加算財源について事業所内での柔軟な職種間配分を認めています。

■■ 介護報酬はどのように決定するのか

　介護報酬の額は、厚生労働大臣が定める基準により算定されます。この基準については、介護給付費等単位数サービスコード表として公開されます。作成にあたっては、原則として、提供される介護サービスごとに、その介護サービスの提供に必要な平均的な金額を考慮して算定することになります。ただし、介護サービスを提供する職員については、賃金水準などが市町村によって異なるため、市町村間にある地域差についても留意しなければなりません。そこで、地域差を考慮して介護報酬の額が変動するしくみが採用されています。先ほど介護報酬の単価が地域に応じて1単位10〜11.4円と説明したことが、この地域差を考慮した変動に該当します。また、中山間地域（平野の外側から山間部にかけての地域のこと）に訪問介護を行う場合などに介護報酬が加算されることも、地域差を考慮したものです。

　介護報酬の算定方法については、提供されるサービスの種類に応じて、異なる算定方法が定められています。たとえば、居宅サービスの場合、サービスの利用時間に応じた金額で算定されます。これに対して、施設サービスの場合には、提供されるサービスが対象とする要介護認定の度合いに応じて、1日当たりの金額で算定されます。

■ 介護報酬とは ⋯⋯⋯⋯⋯⋯⋯⋯⋯⋯⋯⋯⋯⋯⋯⋯⋯⋯⋯⋯⋯⋯⋯

介護報酬	事業者が利用者に介護サービスを提供した場合に、保険者である市町村や利用者が事業者に対価として支払うサービス費用（利用者負担は1割が原則）

　▶1単位：原則10円として設定されている

（例）1か月に4回訪問介護を利用した場合の介護報酬の算定方法

20分以上30分未満の身体介護（訪問介護）⇒ 介護報酬は244単位

（令和6年度介護報酬改定による）

> 244単位 × 10円 × 4回 ＝9,760円
> ∴事業者は9,760円の介護報酬を受け取ることができる
> （利用者から976円、市町村から8,784円を受け取るのが原則）

■■ さまざまな加算が行われる

　介護報酬については、基本の報酬部分に加えて、さまざまな加算が行われます。たとえば、職員のキャリアを考慮したサービス提供体制強化加算があります。この加算が適用されるのは、介護福祉士や勤続年数の長い人などを一定割合以上雇用している事業所です。

　医療との連携や認知症への対応を強化するための加算もあります。医療との連携は、居宅介護支援を受けている人が入院・通院をした場合の情報連携や、専門性の高い看護師が訪問看護の実施に関する計画的な管理を行うこと（令和6年度改定で新設）などについて加算が認められています。一方、認知症への対応は、若年性認知症者の受け入れ体制や認知症高齢者等への専門的なケア体制が整っている場合や、認知症の行動・心理症状の発生予防等に職員がチームで取り組んでいる場合（令和6年度改定で新設）などに加算の対象となります。

　また、令和3年度介護報酬改定で、科学的介護情報システム（LIFE）の導入により取得できる加算（科学的介護推進体制加算）が追加されました。LIFEとは、利用者の状況やケアプランなどをインターネット上で厚生労働省と共有できるシステムです。この加算の適用要件について、令和6年度改定で、LIFEへのデータ提出頻度が「6か月に1回以上」から「3か月に1回以上」に見直されています。

　なお、介護報酬の改定により介護報酬が上がると、結果的に利用者の自己負担額も増加するため、自己負担額の支払いが困難になった利用者が介護サービスの利用を縮小もしくは中止することが予想されます。利用者の負担が増えると、結果的に介護サービスが利用されなくなり、小規模事業者を中心に経営難に陥るおそれも生じます。また、介護保険は、要介護度に応じて支給限度額が定められており、支給限度額を超える部分は利用者が自己負担をしなければなりません。そのため、介護報酬の増加は、介護保険で利用できるサービスの範囲の縮小につながります。

5 介護報酬請求事務について知っておこう

事業者は必要書類を作成して介護報酬請求を行う

■■ 請求事務の流れ

　事業者の運営する介護施設において、介護保険適用対象の介護サービスの提供が行われると、その費用（利用者の自己負担額を除いた部分）に関しては、支払業務の委託を受けている国民健康保険連合会（国保連）から事業者に支払われることになります。

　その前提として、介護施設は、介護給付体制届（介護給付費算定に係る体制等に関する届出書）などの必要な書類を、事前に提出しておく必要があります。事前の必要な手続きをしておかないと、介護施設の運営にとって重要な事業収入を適切に得ることが困難になってしまうおそれがあるため、注意が必要です。

　介護サービスの提供を行った介護施設を運営する事業者は、正確なサービス提供実績に基づいて、介護給付費請求明細書（一般にレセプトと呼ばれています）を作成し、国保連に提出の上、介護報酬の請求を行います。国保連では、レセプトの審査を行い、明らかな問題点が見つからない場合には、事業者に費用が支払われます。

■■ 利用者の自己負担額の確認

　介護サービスを利用した場合に利用者が負担する額（利用者の自己負担額）は、原則として介護サービスにかかった費用の1割です。この場合は、残りの9割が介護保険から支給されます。なお、一定以上の所得がある利用者は、自己負担額が2割または3割として扱われており、その分だけ介護保険から支給される金額が減ります。

　もっとも、介護施設を利用する利用者は、介護サービスを受ける際

に必要な費用について、すべて介護保険から9割（原則）が支給されるわけではありません。たとえば、入所型の施設では、水道光熱費などの居住費、食費、日常生活費が全額自己負担になりますので、介護施設は、これらの費用については、利用者に全額を請求することになります。ただし、所得の低い利用者や、1か月の利用料があまりにも高額になった利用者については、介護サービスを受ける機会を奪わないように、必要に応じて費用の負担軽減措置が設けられています。

▓▓ 施設サービスを利用したときの食費や居住費用の扱い

国保連（市町村）に対する介護報酬請求の対象になるのは、介護保険が適用される費用に限られ、居住費などの費用は、原則として利用者が全額自己負担するものです。

居住費（家賃・水道光熱費）と食費をあわせてホテルコストと呼んでいます。平成17年の介護保険法改正前は、ホテルコストにも介護保険が適用されていました。しかし、在宅型のサービス利用者は、水道光熱費や家賃などを自己負担していたにもかかわらず、入所型のサービス利用者は、要介護度に応じて、基本的に1割の自己負担と毎日の食事代程度でした。このような不公平さを是正するため、ホテルコストは原則として利用者の全額自己負担という取扱いになりました。

ホテルコストが原則として全額自己負担になる介護施設は、特別養護老人ホーム、老人保健施設、介護医療院です。その他、短期間施設に入所するショートステイにも、ホテルコストの全額自己負担の原則が適用されます。

もっとも、ホテルコストの自己負担は、低所得者にとっては過度な負担になり得るため、それを軽減するための補足給付（特定入所者介護サービス費）という制度があります。この制度は、入居者が市町村民税非課税世帯である場合、申請によりホテルコストの負担額を軽減する制度です。なお、標準的に想定されている自己負担額（基準費用

額）は、食費に関しては、食材料費と調理コスト相当額を合わせて月額5万円程度が想定されています。居住費用に関しては、個室か相部屋かにより金額が異なりますが、個室については月額6万円程度、相部屋については月額1万円程度が想定されています。

■■ 集計・計算するときの注意

　介護報酬の請求を行うためには、介護給付費請求明細書（レセプト）を作成しなければならず、1か月に1回程度、提供した介護サービスの集計・計算を行います。介護報酬額の計算は、提供した介護サービスごとに「設定されている単位×提供回数×地域ごとの単価」を計算した上で、提供したすべての介護サービスの計算結果を合計するのが基本となります。

　なお、国保連に対する介護報酬の請求は、サービスを提供した月の翌月10日までにレセプトを提出しなければ、請求が持ち越されてしまう（サービスを提供した月の翌々月以降の請求になる）ことになり、入金が先延ばしされますので、期限を守る必要があります。

■■ 国保連に請求する

　介護報酬の請求先（介護保険から支給される分）は、介護報酬支払業務を委託された国保連に対して行います。国保連では、提出された介護給付費請求明細書（レセプト）に基づき、支払いの有無を判定することになります。判定にあたり、国保連は、基本的に書面審査のみを行います。したがって、書類上、明らかな不正などの痕跡が認められない場合は、原則として請求通りに介護報酬が支払われます。

　なお、国保連は、期限日までに提出されたレセプトに基づき、介護サービス提供の翌々月の月末まで（地域によって日程は異なります）の間に、介護施設を運営する事業者に対して入金を行います。

Case 介護施設を運営することを予定しています。資金計画を作成する上で注意するべき事項には、どのような点がありますか。また、介護給付費等が支給されるまでに、どのくらいの期間がかかるのでしょうか。

・・・

回 答 介護施設を運営する事業者にとって、介護施設として使用する建物や必要な設備・人員を確保することが重要なことは、言うまでもありません。しかし、介護施設を運営していく上で最も重要なのは、現実的で綿密な資金計画を立て、介護施設の運営を行っていく必要があるという点です。

　介護施設事業者は、介護サービスを提供するのに必要な費用について、市町村（実際には介護報酬支払業務を委託された国保連）に対して、介護給付費等を請求することができます。しかし、介護給付費等については、介護サービスの提供後、直ちに支払いを受けることができるわけではありません。

　具体的には、介護サービスの提供を行った翌月10日までに請求を行い、実際に介護給付費等の支払いを受けることができるのは、さらにその翌月になります。つまり、介護サービスを提供した約2か月後に支払いを受けられることになります。

　そのため、介護給付費等の支払いを受けるまでに時間差があることを十分に把握した上で、介護施設の運営を行わなければ、資金繰りに行き詰まってしまいます。そこで、資金計画では、一般的に介護施設の運営開始後2か月間は、介護給付費等の支払いは受けられないものとして、介護サービスの提供に必要な費用を算出します。なお、介護給付費等の支払いを受けるまでの時間差があることで、介護施設事業者の経営が圧迫されるのを考慮して、市町村から補助金を支給してもらえる場合があり、その点は確認が必要です。

第4章
施設介護のしくみ

1 在宅介護と施設介護のどちらを選択するか

ある程度の経済力がないと施設介護への入所は難しい

■■ どのタイミングで決断すればよいのか

　実際に夫や妻、あるいは親などの介護をすることになった場合、在宅介護と施設介護、どちらの方法を選択するかは家族にとっても本人にとっても非常に重要な決断となります。目先の事象にとらわれて安易に答えを出すと、誤った選択をしてしまう可能性があるので、検討は慎重に、本人や家族の意見を聞きながら行わなければなりません。

　在宅介護と施設介護の決断を行うタイミングには、おもに２種類のターニングポイントがあります。一つは、両親のうち片方が亡くなった場合などです。これまでは両親が助け合って生活していたとしても、一人になった場合に、高齢化した親が炊事・洗濯などを行い、日用品の買い出しに出かける行為が続けられるかを考えることになるでしょう。親自身の意思もあるため、話し合った上でしばらく様子を見るか、定期的に訪問するか、またはヘルパーに依頼するか、そして、同居して在宅介護を行うか、施設への入所を考えるかなどの選択肢があります。もう一つは、同居して実際に在宅介護を選択した際に不都合が生じた場合などです。親と子の互いが支え合って生活するはずが、仕事の都合が合わない場合やバリアフリーへの改装が必要になった場合、常時介護を要するため家族の負担が増した場合などに、介護事業者の助けを借りながら在宅介護を続けるか、施設への入所を検討するかを考えることになります。

■■ 総合的な経済力を把握し、不足した場合の方法を考える

　施設や有料老人ホーム等へ入所する場合は一時金や月額費用、そし

てオムツなどの日用品のためにある程度の費用を用意しておかなければなりません。

　子自身の給料や貯金から費用負担をできれば問題はないかもしれませんが、現在は親の面倒まで見る余裕のない経済状態の家庭が多くあ

■ 在宅介護・施設介護の判断のポイント ……………………………

決断のタイミング
　①両親のうち片方が亡くなった場合
　②同居在宅介護を選択した際に不都合が生じた場合
総合的な経済力の把握
　①子の経済力（給料・預貯金など）
　②親の経済力（月々の年金額や預貯金、土地や家など）

施設介護
・一時金・月額利用料の調査
・低価格の施設は介護の度合いによっては入所が困難
・親の健康状態に沿った施設で検討を行う

在宅介護
・比較的安価に抑えられる
・介護保険サービスを利用
（介護認定度合いに応じて自己負担限度額が異なる）

■ 介護相談に応じている機関 …………………………………………

機　関	提供しているサービス
福祉事務所	家族で高齢者を介護する場合に、悩みを相談する機関。市区町村に設置される
地域包括支援センター	家庭での介護方法や利用できる介護サービスについて相談できる機関。病院や特別養護老人ホームなどに併設されている。現在、在宅介護支援センターからの統合が進められている。
在宅介護支援センター	介護方法・介護予防の知識や技術を習得させるための家族介護者教室を実施
ファミリーサポートセンター	仕事と育児、仕事と介護の両立を支援するためのサービスを提供する機関

ります。そのような場合に選択肢を狭めないためには、親自身の経済力を把握しておくことが重要です。現時点で親と別居している場合などは、連絡を密にとり、健康状態に加え経済状態も見ておく必要があります。月々の年金額や預貯金、土地や家などはどうなっているのかを把握し、施設介護への入所が可能かどうかを検討していきます。

　自分自身、そして親自身の経済力では施設介護が難しい場合もありますので、兄弟姉妹など相談できる親族がいる場合には費用負担面でも協力し合うことが重要です。

■■ 施設にはある程度のお金が必要となる

　施設介護を検討する場合、どの介護施設にどの程度の費用がかかるのかを調べておくことが大切です。施設によっては入所時の一時金がかかる場合とかからない場合があり、また月額費用にもかなりの幅があります。費用を低額で抑えることができる施設といえば、何といっても公的な施設である介護施設があります。もっとも低額とされるのが特別養護老人ホームですが、かなりの競争率であるため、原則として要介護度３以上の状態でない場合は入所が困難です。

　一方、民間が運営している有料老人ホームやシルバーハウジングは、公的施設よりは高額となるものの比較的お値打ちな価格で利用することができます。親の健康状態に沿った施設をいくつかピックアップし、費用も踏まえて検討していく必要があります。

■■ 親の年齢にもよるが経済的には在宅介護の方がよい

　在宅介護・施設介護のいずれにしても、ある程度の費用がかかることは事実です。しかし、経済的な負担を考えると、比較的安価に抑えることができるのは「在宅介護」を選択する方法です。在宅介護を検討する場合は、介護保険のサービスを利用する方法が不可欠です。まずは親の介護度の認定を受け、その上で認定を受けた要介護度に応じた月々の

上限額内で介護保険サービスを受けることになります。サービスを利用した場合の自己負担割合は所得状況により異なりますが、原則1割です。

　たとえば、通常所得の家庭で要介護3の認定を受けた親を介護する場合は、利用限度額が270,480円となるため、自己負担割合はその1割である27,048円です。この利用限度額を超える介護サービスを受けた場合は、その全額を自身で負担しなければなりません。月額費用が30万円かかる介護施設が存在することから考えても、在宅介護を選ぶ方が経済的な負担を抑えることができるといえるでしょう。

■■ 介護保険のサービスを受けたいとき

　介護保険の利用について困ったときには地域包括支援センターに相談するのがよいでしょう。地域包括支援センターは、高齢者の生活を地域全体で支えていくための施設で、地域で暮らしている高齢者が日常生活を送る上で抱えている課題の把握や、支援するための具体的な事業を行っています。高齢者虐待の防止および早期発見にも努めています。地域包括支援センターは、日常生活圏域単位ごとに設置されますが、運営は社会福祉法人や医療法人に委託される場合もあります。

　地域包括支援センターには、保健師や社会福祉士、主任ケアマネジャーといった専門スタッフが配置されています。地域包括支援センターでは、こうした専門スタッフを中心として、高齢者虐待などから高齢者の権利を守る権利擁護事業や、介護予防事業・包括的支援事業を行います。

　他に、身近な相談場所としては、在宅介護支援センターがあります。おもに特別養護老人ホーム、デイサービスセンター、老人保健施設、医療機関などに併設され、日夜問わず、家族の相談に対応しています。もっとも、在宅介護支援センターは現在、統廃合が進んでおり、その役割のほとんどが地域包括支援センターに統合されていますので、市区町村の窓口等に確認する必要があります。

2 どんな施設や住まいがあるのか

要介護者のみが利用できる3種類の介護保険施設がある

■■ 高齢者の住まいにもさまざまな種類がある

　高齢になってくると、「わずかな段差でつまずく」「重いものが持てない」「掃除や料理などの日常的な作業が辛くておっくうになる」などの状態に陥ることがあります。また、高齢者をねらう悪質な業者もおり、住み慣れた場所で安全な日常生活を送ることが困難になるケースも少なくありません。高齢者人口の増加に伴い、さまざまな種類の高齢者向けの施設・住宅が数多く建てられています。ただ、「高齢者向け」といっても、どこも同じ内容ではありません。親に介護施設や高齢者向け住居に入ってもらうことを検討する必要が生じた際には、まずその種類や特徴、入居条件などを知っておくことが非常に大切です。

■■ 介護保険施設のサービス

　介護保険施設は、原則として在宅で介護を受けることができない状態になった場合に利用できるサービスです。たとえば、常に介護が必要な状態になった場合や、在宅復帰に向けた機能訓練などを受ける必要がある場合、などです。施設サービスを利用する場合には、こうした利用者の状況や環境を考慮した上で、適切な施設を選ぶ必要があります。介護保険施設には大きく分けると、①介護老人福祉施設（特別養護老人ホーム）、②介護老人保健施設、③介護医療院、の3種類があります。以下、それぞれについて見ていきましょう。

① 介護老人福祉施設

　認知症などによって心身上の著しい障害がある人や寝たきりの高齢者の利用に適しています。この施設に入所すると、作成されたケアプ

ランに沿って、身の回りの世話や機能訓練などを受けることができます。

　介護老人福祉施設（特別養護老人ホームへ）の入所は、在宅で生活することが難しい状態にある人が対象で、原則、要介護度3以上でなければ入所できません。この施設に入所した要介護者は、入浴や食事、排せつ、清拭や体位変換などの身の回りの世話をはじめとする日常生活上必要となる支援を受けることができます。また、要介護状態を少しでも改善し、自立した生活をすることができるように、機能訓練を受けたり健康管理をしてもらうこともできます。特別養護老人ホームは短期間だけ入所してサービスを受けるショートステイの場合を除いて、要支援、要介護1・2の人はサービスを受けることはできません。

　なお、一般的には特別養護老人ホームや特養といいますが、介護保険法上は、指定介護老人福祉施設と呼びます。

　介護老人福祉施設は、居住環境の違いにより、大きく「従来型」と「ユニット型」に分けられます。従来型には、2人部屋や4人部屋の多床室、従来型個室があります。一方のユニット型は、個室と共有スペースがあるユニットに、おおよそ10人から15人以内で共同生活を行います。より家庭的な雰囲気で生活できる「ユニット型」が主流となっています。従来型ではなく、ユニット型の施設の普及が進んでいる事には理由があります。このような施設はユニットケアと呼ばれていますが、ユニットケアは、入居者個人の生活リズムに合わせた生活を可能にし、自宅に近い生活環境を作り出す目的があります。

②　介護老人保健施設

　老健と呼ばれることもあります。リハビリテーションなどを行い、入所している要介護者が自宅で生活できる状況をめざすための施設です。医療的な管理下で看護やリハビリテーション、食事・入浴・排せつなどの日常的な介護サービスを提供することに重点を置いています。

　また、医療的な視野から介護サービスを提供する一方で、特別養護老人ホームと同様、要支援者はショートステイで利用する以外には介

護老人保健施設に入所することはできません。

　自宅で医療的な管理をすることができない状況で、入院する必要はないような場合、あるいは病院での治療が終わり、自宅で生活できるように機能訓練などを行ってから自宅に戻れるような場合、介護老人保健施設に入所するのが適切だといえます。介護老人保健施設の場合は、医師や看護師、薬剤師、理学療法士、作業療法士といった医療関係の専門家と介護職員が一丸となって要介護者の自宅復帰をめざしてプランを立て、サービスを提供します。介護サービスの提供を主体としている特別養護老人ホームと比べると、比較的医療関係のサービスが多く、医療的な看護関係の職員が多く配置されています。自宅への復帰が前提となるため、入所できる期間は原則として3か月までですが、3か月経過後、復帰が難しいと判断された場合には、施設サービスの提供を受ける契約を更新できます。

③　介護医療院

　病院や診療所などに入院している人のうち、介護が必要な人に対して、施設サービス計画に基づいて、必要なサービスを提供する施設です。療養上の管理、看護、医学的管理が必要な介護ケアの他、機能訓練や生活の場を提供します。介護の他に医療が必要な高齢者が、長期療養することが可能な施設として位置付けられています。

　介護医療院は、今までの介護療養型医療施設が果たしてきた医療施設としての役割や介護の他に、日常生活上の世話など利用者の生活の場としての機能が充実しています。そのため、長期的な医療と介護双方のケアが必要な利用者のニーズに、適切に応えることができる施設としての役割が期待されています。なお、介護療養型医療施設は、介護医療院の新設に伴い、令和5年度末で廃止されました。

■■ 介護保険施設以外の施設が提供するサービス

　介護保険制度においては、介護老人福祉施設や介護老人保健施設な

どの介護保険施設のサービスを利用すると、訪問介護や通所介護など
の居宅サービスを利用することはできません。日常の生活介護などは
施設サービスで提供されるからです。

しかし、有料老人ホームや軽費老人ホーム、ケアハウス、サービス
付き高齢者向け住宅のような施設においては、介護保険制度上は施設
ではなく、在宅の扱いになるため訪問介護や通所介護などの介護保険
を利用することが可能です。有料老人ホームやケアハウスなどに住み
ながら、自室で訪問介護を受けたり、日中はデイサービスに通ったり
することができるということです。そのため、訪問介護事業所や通所
介護事業所を併設している施設も多く見られます。

■ 施設サービスの種類とサービスの内容 ……………………………

	介護老人福祉施設 (特別養護老人ホーム)	介護老人保健施設	介護医療院
役割	生活施設	在宅復帰をめざす施設	長期療養と生活施設
対象者	・原則、要介護3以上（例外的に、要介護1、2でも入所可能） ・在宅での生活が難しい方	・要介護1以上 ・入院療養までは必要ないが、在宅復帰に向けたリハビリや介護・看護が必要な方	・要介護1以上 ・症状が安定しているが、長期療養が必要な方
サービス内容	・日常生活上の介護 ・機能訓練 ・健康管理 ・相談援助 ・レクリエーションなど	・リハビリテーション ・医療的ケア、看護 ・日常生活上の介護 ・相談援助 ・レクリエーションなど	・療養上の管理、看護 ・日常生活上の介護 ・機能訓練 ・ターミナルケア
特徴	・常時介護を受けることに重点を置いている ・医師は非常勤（嘱託医）	・医療的な管理下での介護サービスの提供に重点を置いている ・医師は常勤（昼間）	・長期療養やターミナルケアも行う ・医師は常勤（昼間・夜間） ・看護師配置も手厚い

軽費老人ホームやケアハウスは、比較的経済的な負担も少なく入居できる施設です。軽費老人ホームは、自分の身の回りのことは自分でできる人を対象としており、3つの類型（A型・B型・ケアハウス）に分かれていますが、将来的にはケアハウスに統一される予定です。

　他方で、一部の有料老人ホームやケアハウスの中には、介護付きを謳っている施設もあります。このような施設は、外部の介護サービス事業所を利用するのではなく、自前で介護サービスを提供している点に特徴があります。このような形態を特定施設入居者生活介護と呼び、居宅サービスの一類型となっています。

　介護老人福祉施設などは「すまいの機能」と「介護の機能」が一体となっているのに対して、有料老人ホームなどは「すまいの機能」と「介護の機能」が別々になっているといえます。そのため、契約に関しても住まいの部分と介護の部分に関しては別々の契約になっているのが一般的です。

　また、通常の介護保険施設に併設されている施設でのサービスを利用する場合にも在宅扱いで受けることが可能です。短期入所生活介護や通所介護・通所リハビリテーションなどが該当します。短期入所生活介護は俗にショートステイと呼ばれ、通所介護・通所リハビリテーションはデイサービスと呼ばれるサービスです。

　このうちショートステイは、在宅の要介護者が一時的に施設に入所して介護を受けたい場合に適したサービスです。

　福祉施設に属するグループホーム（認知症対応型共同生活介護）とは、比較的症状の軽い認知症の高齢者が集まって共同生活を送る形式の入居サービスです。グループホームの場合には、専門のスタッフが介護しながらも、食事の支度や掃除や洗濯といった利用者自身の身の回りについては、利用者自身と専門スタッフとが共同で行います。グループホームでは利用者自身に役割を持たせることで、高齢者の心身の安定を取り戻し、認知症の進行を遅らせることができるのです。

■■サービス付き高齢者向け住宅

　サービス付き高齢者向け住宅（サ高住）とは、60歳以上の人もしくは要介護・要支援を受けている人と、一定の要件を満たす同居者が利用できる賃貸式の居宅です。サービス付き高齢者向け住宅は、原則として専用部分の床面積は25㎡以上であることなど一定の要件があり、スロープなどバリアフリー構造が採用されている必要があります。サービス付き高齢者向け住宅の大きな特徴は、入居に際して締結する契約が賃貸借契約であるという点にあります。つまり、入居者には借地借家法上の賃借人としての地位が認められることになります。そのため、サービス付き高齢者向け住宅の場合は、入院したこと等を理由に事業者側から一方的に契約を解除することは認められていません。

　サ高住は、特別養護老人ホームや有料老人ホームのように、介護サービスを受けることを前提条件とした施設とは異なり、介護サービ

■ 特別養護老人ホームで支援を受ける場合 ……………………………

在宅で生活することが難しい状態にある場合　　寝たきりである
　　　　　　　　　　　　　　　　　　　　　　　認知症が進んでいる
▼

特別養護老人ホームへの入所が可能
▼

施設介護サービス計画（ケアプラン）作成　特別養護老人ホームへの入所時
▼

施設に入所しサービスを受ける　日常生活上必要となる支援

要介護状態の改善・自立した生活に
向けた機能訓練・健康管理
▼

特別養護老人ホームでサービスを受ける場合の特徴

施設サービスの中で常時介護を受けることに重点を置いているサービス
ショートステイの場合を除き、要支援者、要介護１・２の入所は原則不可
介護老人福祉施設（介護保険上の名称）＝特別養護老人ホーム（老人福祉
法上の名称）
　従来：２〜４人の相部屋が主流
　最近：ユニット型の個室（相部屋よりも料金は割高）

スを利用するためには、原則として外部の事業者に依頼をしなければなりません。重度の介護が必要になった場合には、十分なサービスを受けるために、他の施設への住み替えが必要になる場合もあります。

　サービス付き高齢者向け住宅は、常駐するスタッフが高齢者に対する見守りサービス（状況把握サービスや生活相談サービス）を行うことが必須の要件となっています。

　状況把握サービスには、①毎日定刻に職員が居室を訪れるサービスや、②トイレや冷蔵庫の扉などにセンサーを設置し、長時間開閉がない場合に職員が居室を訪れるサービスの他、①②を併用したサービスがあります。生活相談サービスとは、健康上の悩みや生活上の心配事について相談することができるサービスです。

■■ 高齢者の住居問題

　高齢な親の住居にまつわる問題に、親が今まで住んでいた住居から退去しなければならなくなったとき、民間の賃貸住宅を探しても貸主に敬遠されて次の居住地が見つからないという問題があります。

　貸主が高齢者に貸し渋る背景には、家賃未払いや介護が必要となった場合の対応などへの懸念などがあると予想されます。家賃が高額で支払いが困難な場合や、設備面に不安がある場合など、検討しなければならない問題もあります。このような問題に直面した場合、親の生活能力や体力、経済力から総合的に判断していくことになります。

　まず、親が自立して生活すること（生活能力）に不安を感じている場合は、有料老人ホームや高齢者向けの住宅などへの入居を検討していきます。次に、経済的な問題が強い場合は、シルバーハウジングとも呼ばれる高齢者向けの公営住宅などへの入居も選択肢に入れるとよいでしょう。また、介護が必要な場合は、状況に応じた介護サービスを受けることができる施設への入所を考えていくことになります。

　そういった住宅や施設を探すには、次ページ図にある高齢者向けの

住宅や施設を参考にするとよいでしょう。親の状況に応じて、ニーズに合った住宅や施設を選ぶことが基本となりますが、中には専門的でわかりにくい住宅や施設もあるので、地域包括支援センターなどの専門機関で無料相談をしてみるのもよいでしょう。

　なお、住宅セーフティネット法に基づいて行われている、高齢者や障害者などの一般に住宅を借りることが困難とされる人（住宅確保要配慮者）への居住支援である住宅セーフティネット制度も、より一層の支援の強化が行われることが予定されています。具体的には、「居住サポート住宅」として、住宅確保要配慮者が入居しやすいしくみが作られます。高齢者に住宅を貸すことに対する家賃債務保証の問題や、身寄りのない独り暮らしの高齢者の孤独死問題など、貸主側の不安にも配慮するようなしくみづくりが検討されています。

　家賃債務保証については、身寄りのない人でも家賃債務保証を円滑に利用できるようにするために、家賃債務保証会社を国が認定する制度の創設が予定されています。また、安心して高齢者等に住宅を貸し出せるよう、NPO法人や社会福祉法人などの居住支援法人が定期的に訪問を行うことや、センサーなどのICTを活用した安否確認などの見守りサポートを充実させることも検討されています。

■ **高齢者向けの住宅・施設の種類** ……………………………………

住　宅
有料老人ホーム、高齢者ケア対応型マンション、 サービス付き高齢者向け住宅、グループリビング、シニア住宅、 シルバーハウジング、ケア付き高齢者向け住宅

福祉施設	医療施設
ケアハウス、軽費老人ホーム、 特別養護老人ホーム、養護老人ホーム、 グループホーム	介護老人保健施設、 介護医療院

入所・入居するとどのぐらいの費用がかかるのか

施設の形態やサービス内容に応じて異なる

■■ 施設や高齢者住居の種類の違いによってかかる費用も異なる

　親の介護施設への入所を検討する場合、注視する内容のひとつに、金銭面があります。もちろんお値打ちな施設の方がよいに越したことはありませんが、安いからといってサービス内容が不十分な施設を選択してしまうと、何らかの不都合が生じます。親の年金で賄えるのか、自身が負担するのか、という点においても、費用の面が非常に重要だといえるでしょう。

　実際に施設へ入所もしくは高齢者向けの住宅へ入居した場合の費用には、種類に応じて差があることが現状です。一般的には、公的な施設の方が民間の施設に比べて安価です。介護を要する親である場合は、介護の費用負担が軽いとされる特別養護老人ホームや介護老人保健施設などを選択する方法が効果的です。これらは介護保険を活用することができるため費用負担を抑えることができますが、介護老人保健施設は在宅生活を目標とするための施設であるため、入所の期間が定められていることに注意しなければなりません。

　また、認知症を患っている場合は、認知症の高齢者を対象とするグループホームも安価とされていますが、身体状況によっては入所できなくなるケースも生じます。

　一方、民間が運営する有料老人ホームの場合は、公共の施設に比べて月額費用が高額となる場合が多くあります。運営主体によって、金額に幅があることが特徴です。そのうち、介護付の場合は介護保険を使うことができるため、比較的費用を抑えることが可能な施設だといえます。住宅型の場合は、その後介護が必要になると、介護サービス

を外部に委託しなければならないため、高額になる可能性があります。

　また、介護の必要がない場合は公営のシルバーハウジングなどを選択すると費用を抑えることができますが、所得制限が設けられている場合があるため注意が必要です。一方、民間が運営するシニア対象のマンションは、シルバーハウジングと比較すると高額です。

■ どんな費用がかかるのか

　介護施設を利用する場合にかかる費用は、その施設のタイプに応じてさまざまです。たとえば、公的な施設である介護保険施設やグループホーム、民間施設である介護付有料老人ホームなどは、介護サービスが充実した施設となっています。これらの施設の場合、常駐するスタッフによる介護支援を受けることができるため、利用料は定額で定められているのが一般的です。介護支援の他、食事や健康管理、生活に関する相談など、介護を必要とする高齢者が必要とする介助を定額

■ 入所・入居費用の内訳 ･････････････････････････････････････

介護保険施設	介護サービス費用 （原則1割負担）			
	生活費 （全額自己負担）	居住費 （家賃・ガス・水道光熱費）	食費	生活費 （電話・雑誌代・レク費用）

有料老人ホーム	入居一時金 （償却方法は 施設により異なる） ＋			
	月額費用			
	介護サービス費用 （原則1割負担）			
	生活費 （全額自己負担）	居住費 （家賃・ガス・水道光熱費）	食費	生活費 （電話・雑誌代・レク費用）

で受けることができます。

　ただし、実際にかかった食費や居住費はそれとは別に実費負担する
必要があります。オムツについては介護保険施設では実費負担はあり
ませんが、有料老人ホームでは実費負担する必要があります。

　また、自立した高齢者が入居するケースが多いとされる住宅型の有
料老人ホームや特定施設を除いたサービス付きの高齢者向け住宅やケ
アハウス、シルバーハウジングなどは、利用する高齢者が必要とする
サービスを個々で契約することになります。サービスはおもに外部の
介護保険事業者から受けることになるため、内容に応じて費用が異な
ります。

　どの介護施設においてもいえることは、質の高いサービスにはそれ
なりの利用料が生じるということです。要介護認定が重くなることに
比例して、介護サービスにかかる費用も増加します。介護施設を選択
する場合、受けることのできるサービス内容と費用をあわせて検討す
ることが非常に重要です。

▓▓ 経済的な負担の少ないのは介護保険施設

　介護保険施設は、介護保険が適用される公的な施設であるため、他
の施設に比べて安価で利用することができます。そのため、どの介護
施設も人気が高く、希望すればすぐに入所できるという状況ではない
ことが現状です。

　原則として、いずれの介護施設についても介護認定を受けていれ
ば（原則、要介護1以上）入所の申込みを行うことが可能です。しか
し特別養護老人ホームは、自宅で面倒を見ることが困難な者が入所す
る施設であることから、原則として要介護3以上の方が入居の対象と
なっています。

　一方、介護老人保健施設の場合は自宅での生活を目標とした施設で、
機能訓練に特化したスタッフが常駐していることから、特別養護老人

ホームに比べて費用が高額になります。入所期間にも定めがあるため、終身で入所し続けることはできません。

　また、介護医療院は医療に特化した施設であることから、特別養護老人ホームと比較すると医療費の割合が高くなることが多くあります。

　いずれの介護保険施設においても、生活するにあたり必要な最低ラインとなる家賃や食費、日常生活費、管理費などを月々の利用料として支払う方法をとります。利用料は、利用者である親自身や子などが扶養している場合は扶養者の経済力、親の介護度合いなどの生活能力、希望する部屋などに応じて異なります。また、施設の人員配置によっても差が生じます。

■■ 有料老人ホームや高齢者向け住宅ではどのぐらい費用がかかるのか

　民間の施設である有料老人ホームの場合、入居の際には一時金が必

■ 施設の種類ごとの費用の特徴と目安 ……………………………………

種類	施設名	入居一時金(※)	月額費用
介護施設等	特別養護老人ホーム(特養)	−	6〜15万円
	介護老人保健施設(老健)	−	8〜16万円
	介護医療院	−	9〜17万円
	グループホーム	数千万以下	15〜20万円
	軽費老人ホームA型・B型	−	3〜17万円
	ケアハウス	数百万以下	7〜30万円
有料老人ホーム	健康型	数億円以下	12〜40万円
	住宅型	数億万以下	12〜35万円
	介護型	数億万以下	12〜35万円
高齢者向け住宅	サービス付高齢者向け住宅	数十万以下	12〜35万円
	シルバーハウジング	−	10万前後
	グループリビング	50万程度	30万前後

※入居一時金が必要な場合がある。ある場合は入居時に確認し、トラブルを避ける。

要な場合があります。この一時金は、対象とする有料老人ホームへ入居するための権利を取得するようなもので、年数に応じて償却していくシステムを取っています。そのため、施設の中には中途での退所や利用者の死亡時に返却が行われる場合もあります。

　一時金については、有料老人ホームごとにそれぞれ償却の仕方が定められています。中には家賃を前払いとして受け取るタイプの一時金も見られるため、入所を検討する際には入念に調べておきましょう。

　また、サービス付高齢者向け住宅の場合は、通常の住宅への入居時と同様に、敷金・礼金を支払い、その後は月額費用を負担するシステムをとります。一般のサービス付高齢者向け住宅の場合は、介護支援サービスを利用した際には、その都度利用者の利用頻度に応じて費用を負担します。なお、介護型のサービス付高齢者向け住宅の場合は、介護にかかる費用は定額になっているのが一般的です。

■■ 施設費用が高額になる場合、払戻しの可能性もある

　介護保険が適用される場合は、介護にかかる費用の自己負担割合は原則１割です。ただし、重度の介護認定を受けている場合や、さまざまな介護サービスを利用する高齢者の場合は、それでも自己負担割合が高額となるケースがあります。

　このような場合に有効となるのが、高額介護サービス費（54ページ）の制度です。この制度を活用すれば、自己負担額の月額費用が定められた額を超えた場合に、超過分が払い戻されます。この制度は申請式であるため、利用者が申請することで適用がなされます。申請を行いさえすれば、申請後は自動的に払戻しが行われるため、介護が必要な親がいる場合は検討する価値があるでしょう。なお、低所得者の場合は特定入所者介護サービス費の制度（56ページ）が適用されるケースもあります。

4 施設選びのポイントについて知っておこう

親の希望や状態に合わせた施設を冷静に検討する

■■ 施設を選ぶときに考えること

　実際に施設を選ぶときに考える点は、実に多岐にわたります。入所する親も預ける子も満足することができるよう、事前にさまざまな点から検討しておくことが重要です。

　まず大切なことは、かけることができる費用です。親の年金額や自身の経済力、貯金額などから、支払うことのできる限度額を決定します。超高齢化社会となった昨今では、長期にわたる計画を立てる必要があります。

　次に、親の健康状態に応じた介護施設のタイプを決定します。入所を希望する施設の場合でも、介護度合いによって入所ができない場合があるため、事前にリサーチしておかなければなりません。

　また、立地条件も重要です。子自身が通いやすいよう、自宅や職場などから近い方が利便性は増します。

　立地条件として、まず入所する本人の観点から重視するべき点は、介護施設が全く知らない地域ではないということが重要です。介護施設に入所すると、どうしてもこれまでのライフスタイルに変化が生まれてしまうため、立地が見慣れた地域であれば、生活環境への変化を最小限なものにとどめることができます。ある程度、見慣れた地域であれば、外出の際にも利便性が高く、生活におけるストレスを軽減することができます。

　また、医療面においても、もともと住んでいた地域の近くに介護施設があることは、非常に重要な意味があります。というのも、自力での生活が困難になったために、介護施設への入所した高齢者の場合、

入所後も、体調の悪化のため、緊急で医療が必要となる場合もあります。この際、立地条件として病院などの施設が近いということは重要になります。特に、本人にとって住み慣れた地域であれば、「主治医」の受診を受けることが可能になり、迅速かつ適切な医療を受けることが期待できます。

　なお、子どもが複数いる場合には、兄弟姉妹間で十分な話し合いを行った上で、緊急時に確実に駆けつけられるように、兄弟のうちの一人の自宅等から近い介護施設を選択するということも有用な場合があります。

　その上で、実際に入所した際に親が安心して生活ができるような体制が整っているかを確認する必要があります。たとえば、設備の程度や医療体制、日々の食事、施設全体の雰囲気など、必ず事前に現地を確認しながら検討していきます。施設の方針や経営状態、入所者の家族との連携体制なども同時に確認しましょう。

■■■ 高齢者向け住宅か介護付き有料老人ホームか

　「高齢者向け住宅」を名乗るのに法的な規定はありません。たとえば買い物や掃除といった家事を手伝う職員を配置しているような住宅はもちろん、バリアフリーや緊急通報装置といった設備を備えているだけでも「高齢者向け住宅」と謳うことはできます。広い意味では有料老人ホームも高齢者向け住宅に含まれるということになるでしょう。

　一方、介護付き有料老人ホームとは、県などの自治体から「特定施設入居者生活介護事業者」の指定を受けた施設です。この指定を受けると、ホームの運営事業者が介護保険を使って介護をすることができます。介護付き有料老人ホーム以外の有料老人ホームや高齢者向け住宅では、介護が必要な状態になった場合に、介護保険を利用して介護サービスを受けるには、外部の事業者と別途契約しなければなりません。この点が大きな違いだといえます。

■■ どんな点をチェックすべきなのか

　施設を選ぶ際に重要となるポイントは、他にもあります。まずは、入所後に後悔しないよう、気持ちに余裕を持って施設選びを行うことです。施設を決定するということは、親の今後の人生を左右するものであり、費用も少額とはいえません。噂話や先入観にとらわれず、焦る気持ちを抑えながら選択することが重要です。

　また、施設を利用するのは親本人です。そもそも、本当に施設への入所が必要なのか、入所させるのであれば安心して預けられる施設はどこかを検討しなければなりません。そして、実際に候補となる施設が見つかった場合は、前述した条件に加え、必ず施設内で働くスタッフの様子を確認することが重要です。介護する側も介護される側も同じ「人」であり、施設内で親と関わりを持つスタッフの存在は非常に大きいウエイトを占めています。

　まず、スタッフの勤務体制や資格の有無をチェックします。さらに、スタッフの働きぶりやコミュニケーションの取り方もチェックしていきましょう。スタッフ同士の連携や入所者への態度、身だしなみなどから、その施設の管理体制がわかります。また、新しい施設の場合は、設備などの綺麗さに目を奪われがちですが、スタッフ体制が不十分であるケースもあります。これらの点を観察するとよいでしょう。

■ 施設選びのポイント ……………………………………………

①費用	親の年金額・家族の経済力・貯金額など
②健康状態	健康状態に応じた必要な介護サービスの有無
③立地条件	本人が住み慣れた地域であること、家族が通いやすい場所であること
④介護施設の 体制	スタッフの勤務体制や資格の有無
	施設の管理体制

5 特別養護老人ホームについて知っておこう

常時介護に重点を置いたサービスを提供する公的介護施設である

■■ 特別養護老人ホームとは

　特別養護老人ホームとは、公的介護施設のひとつで、運営主体は社会福祉法人や地方公共団体などです。介護保険法上では「介護老人福祉施設」に該当し、寝たきりなど常時介護が必要な者を受け入れる施設とされています。略して「特養」と呼ばれることも多いです。

　さまざまな規模の特別養護老人ホームがありますが、50〜100人程度の入居定員の施設が一般的です。入所定員29人以下の地域密着型特別養護老人ホーム（地域密着型介護老人福祉施設入所者生活介護）もあります。このような小規模な特別養護老人ホームは、事業所数自体はそれほど多くないのですが、既存の特別養護老人ホームの近くに設置され、セットで運営されていることもあります。

　特別養護老人ホームに入居するには、原則として要介護3以上の認定を受けている必要があります。心身に著しい障害があるため常時介護が必要である、在宅介護が困難である、などの場合に入居することが可能です。ただし、地域密着型特別養護老人ホームは、施設がある市区町村に居住する人、つまり地元の人のみの入居が認められています。入居者が孤独感を感じないよう、できるだけ慣れている地元での生活をしながら介護を受ける、というコンセプトのもとで提供されているからです。施設は少人数制のため家庭的な雰囲気があり、地域や家庭とのつながりを重視する方針を取っています。

　特別養護老人ホームは、介護施設の中では費用が比較的安価なため、全国的に非常にニーズの高い施設で、相当の期間を入所待ちに要している高齢者が存在するのが現状です。親が寝たきりの状態などのため

24時間体制での介護が必要な場合や、そもそも自宅が介護生活のできる環境でない場合、経済的な理由で介護費用をかけることができない場合など、常時介護に重点を置くサービスが提供される特別養護老人ホームへの入所を希望するケースが多く見られます。

■■ 特養にはどんな職員がいるのか

特別養護老人ホームには、施設長、医師、生活相談員、施設ケアマネジャー（介護支援専門員）、看護職員（看護師または准看護師）、介護職員、栄養士、機能訓練指導員などが配置されています。

施設長は、施設を円滑に稼働させるため、売上や必要経費に関する経営方針や運営、施設の方向性などの方針を策定し、さまざまな対策を講じる役割を担います。

医師は、施設の嘱託医のことを指します。入所者の健康管理や療養上の指導を行うために必要な人数を配置すればよく、非常勤（週に1〜2回程度の勤務）でもよいことになっています。高度な医療を受けたい入所者は、外部の病院を受診することになります。

生活相談員は、入所や退所その他の生活に関する相談を受け、施設と入所者・家族間の調整役となり、苦情窓口の担当もしています。入所者100人に対して1人以上を配置しなければなりません。

施設ケアマネジャーは、個々の入居者のケアプランを作成します。施設に1名以上配置しなければなりません。

看護職員は、医師の指示の下で、一定の医療処置を行います。具体的には、血圧や血糖値の測定、インシスリン注射、薬の管理、胃ろうの管理、点滴、医師との連携などを行います。看護職員の配置は、施設の規模によって異なります。たとえば、施設の入所者数30人以下の場合は常勤換算方法で1人以上、30人超50人以下の場合は常勤換算方法で2人以上などと定められています。

介護職員は、食事・排せつ・入浴・着替えの介助などの直接的な介

助の他、見守り介助をしたり、話し相手になったり、レクリエーションを企画したりします。なお、看護職員と介護職員の総数は、常勤換算方法で入所者3人に対して1人以上配置しなければなりません。

その他、栄養士と機能訓練指導員（看護職員、理学療法士、作業療法士、言語聴覚士など）は、1人以上配置しなければなりません。

■■ 特養ではどんなサービスを受けることができるのか

特別養護老人ホームでは基本的には医療行為は行われず、日常生活の世話を中心としたさまざまなサービスなどが提供されます。

施設介護サービス計画（ケアプラン）が入所した要介護者ごとに作成され、そのケアプランに沿って介護保険給付の対象となるサービスが決定されます。具体的な内容は、入浴や食事、排せつ、清拭や体位変換などの身の回りの世話をはじめとする日常生活上必要となる支援です。また、要介護状態を少しでも改善し、自立した生活ができるよう、機能訓練や健康管理を受けることもできます。

なお、特別養護老人ホーム内においては、全く医療行為が行われないというわけではなく、簡単な医療行為であれば、受けられる場合もあります。たとえば、たんの吸引、経管栄養療法、浣腸、褥瘡（床ずれ）の処置、脱水症状に対する点滴などについては、医師の指示の下であれば受けられることになっています。ただし、受けられる医療行為は制限されていますので、必要な場合には、外部の医療機関を受診することになります（この場合、健康保険が適用されます）。

■■ 従来型個室、多床室、ユニット型といった種類がある

従来の特別養護老人ホームは約4～6名の相部屋が主流でしたが、最近ではプライバシーを重視したユニット型の個室または個室的多床室（相部屋だった居室を簡易的な壁で仕切ったもの）も提供されるようになりました。ユニット型の施設では、10部屋前後の個室または個

室的多床室に加え、食堂やくつろぎ場などが設けられています。この方法により、入所者がリラックスしながら過ごすのを可能とし、施設側も入所者の状況に沿った介護サービスを提供できます。ユニット型の場合、大人数の相部屋より料金が高くなるのが一般的です。

　一方、ユニットが存在しない個室を「従来型個室」といい、ユニットが存在しない大部屋を「多床室」といいます。費用はユニット型に比べ安価となることに特徴があります。

▓▓ 特養での生活について

　特別養護老人ホームでの生活は、部屋の形態にかかわらず大まかな流れがあらかじめ決められています。利用者に対する職員の担当割合は決められているものの、職員は24時間の交代勤務を取っているため、実態としては1人の職員が5人以上の入所者の介助を行うケースが多く見られます。起床は6時から8時の間で定める場合が多く、身支度や排せつを整えた後、朝食を取ります。自身で動くことのできない入所者も多いため、朝食までにはある程度の時間が設けられています。

■ 特別養護老人ホームの特徴 ……………………………………………

運営主体	社会福祉法人または地方公共団体
入所対象者	原則として要介護3以上
費用	安価な設定
サービス内容	介護に重点を置く（医療行為は制限あり）
居室	ユニット型個室、ユニット型個室的多床室、従来型個室、多床室
申込手続	施設に直接申込みを行う （点数制などで入所順位が決定する）
退所事由	要介護認定が「自立」「要支援1・2」に改善したとき 医学的管理や長期入院が必要になったとき

食事の後はくつろぎ、テレビ、レクレーションなど日によってさまざまで、入浴は日中の職員数が充実した時間帯に行われることが多いようです。また、日中には医師による診察や外出の時間が取られることもあります。排せつの促しは日中・夜間を問わず行われます。

■■ 事前に施設見学をしておくこと

特別養護老人ホームへ入居する事態になった際に、入所する当事者が正確な判断を行えないケースがあります。そこで、希望する施設のリサーチは事前に済ませておくことが重要です。施設によって提供されるサービスの内容が異なることを理解した上で、入所の準備を行う必要があります。

そのためには、事前に施設の見学を行うのが有効です。実際に施設の内容を把握し、生活のシミュレーションをしておくことで、自身がどのような施設を望むかを明確にすることが可能になります。実際に施設を訪れた場合、初めに職員の対応や施設の雰囲気、利用者の様子を確認しましょう。職員と利用者との間に信頼関係が構築されている場合は、施設の雰囲気も穏やかで明るいものとなります。また、施設長の様子もチェックし、実際に対面した上で、要望や疑問点を投げかける方法も施設の選定には非常に効果的です。

■■ 特養を退所するケース

特別養護老人ホームに入所できた場合であっても、ずっと居続けられるわけではなく、退所しなければならなくなる場合があります。たとえば、入所者の心身機能が大きく改善し、要介護認定において「自立」「要支援1・2」と認定された場合には、退所しなければなりません。また、医学的管理の必要性が増大した場合や、3か月を超える長期の入院が必要になった場合などにも、退所しなければなりません。

Case 特別養護老人ホームに入所を希望しているのですが、特例入所や配置医師についての改正があるという点が気になっています。改正内容について教えてください。

回答 特別養護老人ホームの特例入所については、令和5年（2023年）4月7日に「指定介護老人福祉施設等の入所に関する指針について」の一部改正が行われた経緯があります。都道府県・政令指定都市・中核市による指針（指定介護老人福祉施設等の入所に関する指針）の作成・公表に関する留意事項のうち、入所判定対象者の選定と入所の必要性の高さを判断する基準に関し、要介護1または2の人が、居宅において日常生活を営むことが困難なことについて、やむを得ない事由がある状況などが考えられる場合は、その事情を十分に考慮して、地域の実情等を踏まえ、各自治体において必要と認める事情があればそれも考慮して、特例的な施設への入所（特例入所）を認めること、という留意事項が追加されました。

留意事項のうち「やむを得ない事由」とは、①認知症の人や知的障害・精神障害等を伴う人で、日常生活に支障をきたすような症状・行動や意思疎通の困難さが頻繁に見られること、②家族等による深刻な虐待が疑われること等により、心身の安全・安心の確保が困難であること、③単身世帯である、同居している家族が高齢・病弱である等により家族等による支援が期待できず、かつ、地域での介護サービスや生活支援の供給が不十分であること、が挙げられています。

また、今回の一部改正により、管内の市町村・関係団体における特例入所に関する指針の作成や特例入所の運用について、都道府県が必要な助言や適切な援助を行うことが追加されたことで、都道府県による適切な関わりが求められています。特例入所については自治体に

よって対応にばらつきが見られますが、今後は特例入所に関する指針についてのさらなる明確化が行われることになるでしょう。

●特別養護老人ホーム（介護老人福祉施設）の配置医師について

令和6年度介護報酬改定などに向けた社会保障審議会介護給付費分科会では、緊急時の医療提供体制の整備等が論点となりました。

特別養護老人ホームには医師の配置が義務付けられていますが、常勤を求められていないため、配置医師との契約形態によっては、配置医師が施設にいない時間帯に入居者が急変した場合など、緊急時における対応が難しいことが問題とされています。配置医師が施設にいない時間帯に生じた急変等の対応方法は、「配置医師によるオンコール対応」とする施設が多いものの、「原則として救急搬送」とする施設も3割程度存在するとされています。また、介護報酬と診療報酬との給付調整は、配置医師が算定できない診療報酬と、配置医師以外の医師（外部の医師）が初・再診料や往診料、検査、処置等、在宅患者訪問診療料を算定できる場合が定められていますが、その給付調整のしくみについて十分に理解されていないことが問題とされています。

これらの対応案として出されたのが、①施設・配置医師・協力病院による緊急時等の対応方針の策定、②緊急時等の対応方針の定期的な見直しの義務付け、③配置医師緊急時対応加算の見直し、④給付調整のわかりやすい周知でした。

①・②については、省令改正により、緊急時等の対応方針の策定および1年に1回以上の見直しが義務付けられました。③については、令和6年度介護報酬改定により、現行の早朝・夜間および深夜の緊急時対応のみを加算対象としているところを、日中であっても「配置医師の通常の勤務時間外」での緊急時対応も加算対象とすることになりました。④については、厚生労働省の通知改正により、診療報酬との給付調整の正しい理解を促進するため、誤解されやすい事例を明らかにするなど、わかりやすい方法で周知を行うことになりました。

6 特別養護老人ホームの申込みをする

施設に直接申込みを行う必要がある

■■ 入居対象者について

特別養護老人ホーム（特養）の入所対象者は、寝たきりや認知症が進行した状況など、在宅での生活が難しい高齢者です。入所対象者に対する基準が厳しくなっており、新規入所者については、やむを得ない事情のある要介護１・２の高齢者が特例によって入所する場合を除き、要介護３以上の高齢者（65歳以上、ただし特定疾病の患者は40歳以上）に限定されています。

入所待ちの要介護者に占める要介護３以上の者の割合は増加傾向にあり、中でも在宅の重度者に関する問題は深刻化しています。そのため、要介護者の介護の度合いや、要介護者に認知症の症状が見られるか、さらには介護者の生活内容や経済状況などを考慮して判断されています。そこで、これまでは入所ができなかったとしても、介護の度合いが悪化した場合など、状況が変わったら再申込みの手続きを行うのが効果的です。そのためには、常に要介護者の状態を把握しておくことが重要で、定期的に診断を受けておく必要があります。

■■ 複数の施設に入所を申し込める

特別養護老人ホームである施設への入所は、各自治体や入所を希望する施設が設けた要件に合致しているかを判断し、その中でも特に早急な入所対応を要する者から優先的に入所が認められます。

また、入所の申込みについては、同時に複数の施設に行うことができるため、第一希望、第二希望と複数の希望施設がある場合は、入所の確率を上げるためにも、複数の施設に入所の申込みをするのが効果

的です。「特養への入所は難しい」と言われがちですが、複数申込みの方法を取る入所希望者がいるため、地域によっては想像より早い時期に入所の順番が回って来るケースも見られます。

　さらに、居住地と異なる市区町村にある施設に申し込むことも可能であるため、近辺に希望する施設がない場合や空いている施設がない場合は、エリアを広げて施設を検討するとよいでしょう。居住者が集中する都心部では空きがない場合でも、郊外や地方では早く入所できる可能性があります。ただし、原則として、居住地と異なる市区町村にある施設において、地域密着型介護老人福祉施設入所者生活介護を受けることはできない点に注意が必要です。

　入居の申込みは、担当のケアマネジャーを通して行うこともできるため、申込みや施設選びが難しいと判断したら、積極的に相談することも必要です。

■■ 入居できるかどうかの審査は点数制になっている

　特別養護老人ホームに入居できるかどうかの審査基準は、各自治体や施設により異なります。入居判定には点数制が取られており、申込順ではないのが一般的です。点数制とは、入所希望者の介護度合いや年齢、認知症の進行具合や介護を行う家族の環境などの要素に対して基準に合わせて点数をつけ、合算した数値で判断する方法です。

■■ 点数制度の例

　たとえば、東京都新宿区の場合、合計で100点満点となる入所調整基準が設けられています。点数が大きくなるほど、入所の必要性が高いとみなされます。そして、入所調整基準の項目は、①入所希望者の状況、②介護者等の介護環境の２種類に大きく分けられています。

　重要度の高いのが①の入所希望者の状況（60点満点）です。要介護度（最高50点）、本人の年齢（最高５点）、認知症高齢者の日常生活自

立度判定基準（最高5点）という3種類の判断項目があります。

　これに対し、②の介護者等の介護環境（40点満点）は、要介護の認定以来の在宅介護継続期間（最高5点）、直近3か月の在宅サービス等の利用状況（最高10点）、介護者等の状況（最高20点）、住宅環境（最高5点）という4種類の判断項目が設けられています。

　具体的なケースにあてはめると、「要介護4（40点）、80代（3点）、日常生活自立度は4（5点）、在宅介護期間は5年以上（5点）、在宅サービス等を8割以上利用（10点）、介護者たり得る者がいない（20点）、住宅改修が困難（2点）」という場合は、合計85点と高得点になりますので、入所できる可能性が高くなるでしょう。

　なお、細かい判断項目や点数については、自治体ごとに異なっていますので、必ず施設のある自治体に確認するようにしましょう。

■ 特別養護老人ホームの入所までの流れ ……………………………

施設見学をする（特養へ直接問い合わせる）

↓

必要書類を揃える

↓ ※入所申込書、介護保険被保険者証、サービス利用票の写しなど

入居を希望する施設に直接申込書を提出する

↓

施設の入居待機者リストに登録される

↓ ※入所の候補者になるまで順番を待つ

施設から直接連絡が入る
（施設側の審査（健康診断・面談等）を受ける）

↓

入所が決定する

資料　特別養護老人ホーム入所基準の例

入所申込者の点数化に関するフローチャート

```
┌──────────────────────┐
│       入所申込者       │
└──────────────────────┘
```

1：本人の状況　5～30点

■ 要介護度　　　　　　　5～20点
■ 認知症の周辺症状の
　状態による加算　　　　0～10点

■要介護度	
要介護1	5点
要介護2	10点
要介護3	15点
要介護4・5	20点

■認知症の周辺症状の状態
※該当の要介護認定調査
項目の「ある」のチェック数

「ある」0	0点
「ある」1～5	5点
「ある」6以上	10点

2：介護の困難性　0～25点

■ 主たる介護者の状況　　0～25点
■ 調査で問題と思われる介護の困難性
※上記の他の事項を調査欄を設ける。複数要件の
　場合など内容による加算は「4：緊急度など特別
　な事由」で行う

■主たる介護者の状況	
身寄りも主たる介護者もいない	25点
主たる介護者が寝たきりまたは病気で長期入院中	25点
主たる介護者が傷病等または病気がちで在宅療養中	20点
主たる介護者が就業している場合	15点
主たる介護者が高齢者または要介護者がいる	15点
上記のいずれにも該当してはまらない方	0点

3：居宅サービス等の利用状況　5～25点

■ 直近3カ月間の居宅サービスの利用率　5～25点
■ 継続して3カ月以上、居宅生活困難による介護
　療養型医療施設・介護老人保健施設、医療機関
　等に入所・入院している方は20点配点。

8割以上	25点
6割以上8割未満	20点
4割以上6割未満	15点
2割以上4割未満	10点
2割未満	5点
施設・病院等に入所入院	20点

4：緊急度など特別な事由　0～20点

緊急度や福祉的観点などから、特に施設入所を考慮すべき特別な事由が認められる場合は、各施設の入所検討委員会の判断により、その状況に応じて、20点を限度として加算する。

入所に際し施設の事情により以下の事項を勘案

① 性別（部屋単位の男女別構成）
② ベッドの特性（認知症専門床等）
③ 地域性（入所後の家族関係の維持等）
④ 施設の専門性
⑤ その他特別に配慮しなければならない個別の事情

```
┌──────────────────────┐
│       入所の判定       │
└──────────────────────┘
```

100点
満点で
点数化

出典：東京都武蔵野市のホームページより

216

（様式1）

令和3年4月1日改訂版

武蔵野市介護老人福祉施設　入所申込書兼調査票（標準様式）

申込日・届出日	令和○年 4 月 2 日	申込区分	☑新規　□その他[　　　　]

受付日	年　月　日	担当者名		受付番号	

○○○○　　施設長　殿

申請者（連絡先）

住　所	〒180-0012　　武蔵野市○町2-4-1

（フリガナ） 氏　名	（　マルマル　シカクロウ　） ○○　□郎	続柄	子 （長男）	連絡先	自宅	0422 - □□ -△△△△
					携帯	－ 　　－

介護老人福祉施設（特別養護老人ホーム）に入所したいので、入所申込書兼調査票を提出します。

入所申込者（本人）の基本情報	（フリガナ） 氏　名	（　マルマル　サンカク　） ○○　△	性　別	☑男　□女		
			住民登録	武蔵野 ㊂ 区・町・村		
	現住所	〒180-8777　東京都武蔵野市○町2-2-28 電話 0422（△△）○○○○				
	生年月日	明・大・㊽ 10 年 1 月 1 日（○△歳）				
	障害手帳等	☑無　□有⇒手帳の種類 _____（判定　　　級（度）） （障害名　　　　　）　年　月　日				
	介護保険被保険者番号	0 0 0 0 9 9 9 1 1 1				
	要介護認定と認定期間	要介護 3・4・5 ※（要介護1・2）	（認定期間） 平成○年 1 月 1 日 ～令和□年12月31日			

入所申込者（本人）の状況	現在利用している施設サービス等	□自宅で暮らしている。 ☑施設・医療機関等に入所・入院している。（下記欄も記入） 施設（病院）名 **介護老人保健施設 ○○園** 入所院日 R□年 3 月 3 日〜 住所 東京都○区△町1-2-3　　電話 03（1111）2222
	認知症・精神の状況	◆下記の項目で、いずれか一つ該当するものにレ点チェックをお願いします。 □何らかの認知症を有するが、日常生活はほぼ自立している。 □日常生活に支障があるような症状がみられるが、誰かが注意していれば自立できる。 ☑日常生活に支障があるような症状が見られ、介護を必要とする。 □日常生活に支障があるような症状が頻繁に見られ、常に介護を必要とする。 □著しい精神症状や周辺症状が見られ、専門治療を必要とする。 ◆その他、記載すべき特記事項があればご記入ください。 物盗られ妄想が激しく、介護者に対して攻撃的なる。抵抗有。また、麻痺があり歩行には支え必要なのに、勝手に歩こうとしてしまう。転倒の危険性があり、家族は目が離せない。
	医療的処置	□尿管カテーテル □ストマ（人工肛門） □経管栄養（経鼻・経腸・胃瘻・食道瘻） □酸素療法 ☑インシュリン注射 ◆その他（　　　　　）

現在治療中の病気	病　名	入院・通院履歴	期　間
	脳梗塞後遺症	A病院	H 28 年 6 月〜
	糖尿病	B病院	H 30 年 4 月〜
	老人性アルツハイマー症	A病院	R 4 年 1 月〜

家族や住居等の状況	主たる介護者	（フリガナ）（マルマル　サンカク） 氏　名　○○　△ 性別　□男　☑女 生年月日／年齢　明・大・㊗昭11年 1月 1日（○□ 歳） 同居の区分　☑同居　□別居 ⇒（住所 〒　電話　（　）） 入所申込者(本人)との関係　妻
	主たる介護者の状況	◆下記の項目で該当するものにレ点チェックをお願いします（複数回答可）。 □身寄りも介護者も全くいない。 □主たる介護者が遠方または病気で長期入院中。 ☑主たる介護者が高齢者・障害者または疾病があり在宅療養中。 □主たる介護者が就業しており、なおかつ育児中もしくは複数の被介護者がいる。 □主たる介護者が育児中または複数の被介護者がいる。 □主たる介護者が就業している。 □上記のどれにもあてはまらない。 この申請書の入所申込者（要介護３以上）に対する在宅での介護期間又は年数 年　月　～　年　月　（　）年間 ◆介護をしている上で特に困っていることがあればご記入ください。 □この申請書の入所申込者に対する在宅での介護期間のエピソード等 （妻は高齢のため、自分の生活だけでも手一杯である。生活は自立できているものの、糖尿病を患っていて、自分の通院と夫の介護を両立することは難しい。留守の間はヘルパーをお願いしているが、夜間などの夫の認知症への対応に疲れきっている。）
	主たる介護者の住宅状況（同居の場合）	今の住まいは　⇒☑自宅　□自宅以外 自宅以外にお住まいの方は戻る自宅が　⇒□ある　□ない その他　⇒□立ち退きを迫られている　☑家屋の老朽化が著しい
	介護をする上で住宅の問題点	☑エレベーターのない集合住宅の２階以上に住んでいる □入所申込者（本人）の部屋がない □入所申込者（本人）の部屋とは別の階にトイレや風呂がある ◆上記以外の問題点があればご記入ください。 〔アパートの２階に住んでいるが、通院時に１階におろすのに手間がかかる〕
他施設の申込状況		□当該施設のみ申込みしている。 □他の武蔵野市介護老人福祉施設入所指針適用施設にも申込みしている。 ⇒☑吉祥寺ナーシングホーム　□ゆとりえ　□武蔵野館　□親の家 □ケアコート武蔵野　□さくらえん　□とらいふ武蔵野 ☑めぐみ園　□緑寿園　□まりも園　□こもれびの郷 □小松原園　□新清快園 ◆上記以外の施設があればご記入ください。 （　）
申込理由 特記すべき事項		子ども達も子育てや日中仕事をしており、介護に協力することが難しい。 また、本人が子どもたちからの介護を拒否している。 同居の妻も体がすぐれないため、在宅での介護は厳しい状況だ。 このままでは、共倒れとなってしまうため、施設に申し込んだ。

担当 ケアマネジャー	事業所名	むさしの○○○　居宅介護支援事業所		
	氏　名	むさしの　△△子	連絡先	電話　0422　(○○)××××

情報提供に関する入所申込者（本人）の同意確認欄	私は、入所申込施設が、①武蔵野市から私の介護認定情報の提供を受けること、②この申込書にある内容を必要に応じて武蔵野市や担当する介護支援専門員へ情報提供すること、③申込書にある内容について担当する介護支援専門員から情報を受けることに同意します。 令和○年 12 月 1 日　氏　名　武蔵野　三郎　（武蔵野）

※要介護１又は２について、別紙様式４を添付してください。

出典：東京都武蔵野市のホームページより

7 介護老人保健施設について知っておこう

医療サービスを受けながら在宅復帰をめざしていく施設である

介護老人保健施設は特養とはどう違うのか

　介護老人保健施設（老健）は、特別養護老人ホームと同じく国の管轄である公的介護施設のひとつです。ただし、サービス内容は他の施設とは異なり、特に特別養護老人ホームなどと比べると医療関係のサービスが多いことに特徴があります。

　介護老人保健施設は、看護や医療的な管理下で介護サービスを提供することに重点を置く施設です。自宅で医療的な管理ができない状況であっても入院する必要性が生じない者や、病院での治療が終了した者が、機能訓練などを行ってから自宅に戻り生活を送れるようにするために入所します。

　実際に介護老人保健施設に配置されている人員も、医療関係に従事する者が多く、設備も他の介護施設と比べると充実していることが特徴です。また、リハビリを行った上で自宅へ戻ることを目標としている施設であるため、入所期間に制限がない特別養護老人ホームとは異なり、原則として3か月から1年程度に限定されています。

どんな費用がどのくらいかかるのか

　入所にかかる費用は、入所者本人やその家族の経済状況（世帯収入）に応じて定められますが、公的介護施設であるため比較的安価とされています。また、入所一時金の支払いもありません。

　ただし、専門の医療従事者が常に待機しているため、特別養護老人ホームと比較すると月額利用料が高額になる場合があります。部屋のタイプは、特別養護老人ホームのように、ユニット型（個室・個室的

多床室）、従来型個室、多床室などが設けられているため、どの部屋を選択するかによっても大きく費用が異なります。

　たとえば、要介護３の高齢者が相部屋である多床室に入所したと仮定して検討してみましょう。まず賃貸借契約における敷金などに相当する一時金ですが、前述のように不要となるため０円です。次に、介護保険の給付対象となる介護サービス費と、そのサービスに対する加算額で３万5,000円前後となります。

　さらに、生活に必要な食事代や水道光熱費などの居住費は、世帯収入に応じた金額となります。入所者の世帯員のすべてが市区町村民税非課税の場合は、食事代・居住費ともに公費負担となるため、１万円前後になります。これに対し、ある程度の所得のある者がいる世帯の場合は、６万円前後になる場合があります。その他、施設により異なりますが、クリーニング費やレクレーション費などに１万円前後上乗せで請求する場合が多く見られます（令和６年度介護報酬改定による室料負担についての改正は225ページを参照）。

　以上から、介護老人保健施設への入所を希望する場合、月額最大10万円前後の支払いのめどが立つかどうかが基準になるといえます。ただし、これは多床室での具体例であり、相部屋を好まず、従来型個室などを希望する場合は、さらに５万円前後ほど多く見積もっておく必要があるでしょう。

■■ どんなサービスを受けることができるのか

　介護老人保健施設では、介護を必要とする高齢者の自立を支援し、日常生活を自宅で送ること（在宅復帰）をめざすため、常勤の医師による医学的管理の下、看護・介護といったケアや作業療法士や理学療法士などによるリハビリテーションが行われます。また、栄養管理・食事・入浴などの日常サービスまで併せて計画し、利用者の状態や目標に合わせたケアサービスを、医師をはじめとする専門スタッフが行

う他、夜間のケア体制も整えられています。

■■ どんなメリットがあるのか

　介護老人保健施設へ入所した場合のメリットは、利用者がさまざまな医療サービスを受けることができる点です。入所時は、専門知識やスキルを持つ医師や看護師に囲まれ、持病を抱える高齢者であっても安心して生活ができます。施設内の医療設備が充実しており、いざという時にも安心した対応を受けることができます。

　また、医学的な治療の他にも、日常生活を自宅で送ること（在宅復帰）ができるように、個々の入所者の状況に応じたリハビリ方法を指導してもらえます。さらに、入所者の家族も、介護や日常の世話、気をつけるべき点などのアドバイスを受けることができるため、入所者本人も家族も退院後の生活に対するさまざまな不安感を軽減させることができます。

　その他、期間限定であるものの、高齢の親などを医療設備が充実している施設へ入所させることで、家族としては、入所者が帰宅するまでの間に、自宅を介護仕様にリフォームさせることや、施設の退所後に受けさせる介護保険サービスの選択など、入所者の今後の生活に向けた対策を比較的余裕をもった状態で立てることができます。

■ 介護老人保健施設とは ・・・・・・・・・・・・・・・・・・・・・・・・・・・

病院や自宅など　　　　　介護老人保健施設　　　　自宅

入所　　　　　　　　移行

・医療・看護・介護の提供
・リハビリ実施
・入所期間制限あり

在宅復帰！

8 介護老人保健施設の申込みをする

施設ごとに入所の要件が異なる

■■ 入所対象者

　介護老人保健施設へ入所することができる対象者とは、第一に原則として65歳以上、つまり介護保険の「第1号被保険者」であることです。ただし、介護保険に定められている特定疾患を患っている場合は、40歳以上65歳未満の「第2号被保険者」も対象となります。

　その上で、要介護1以上の認定を受けており、なおかつ「病状が安定していること」が必要になります。また、感染症や伝染病にかかっていないことや、入院の必要性が生じないことなどの要件も満たさなければなりません。この要件については、施設ごとに異なるため、事前に入所を希望する施設の入居対象者について調査しておくことが重要となります。

　調査の方法としては、電話やメールなどを使って問い合わせてみるという方法もあります。しかし、申込みをする前に、一度は施設を訪問して、その施設の相談員から直接説明を受けておく方がよいでしょう。

■■ 入所審査

　実際に介護老人保健施設への入所を希望し、申込手続きを行った場合は、入所審査が行われることが一般的です。入所希望者の現状が判別できる健康診断書や医師の意見書、指示書などをもとに、入所を認めるか否かについての審査が行われます。

　書類による検討のみで足りる施設もありますが、場合によっては施設スタッフによる面談が行われることがあります。この面談は、入所を希望している本人だけでなく、その家族も受けることになる場合も

あります。審査の方法や必要書類については、必ず事前にリサーチしておくなど、余裕を持った対応が必要です。

▓▓一定期間経過後に退所しなければならない

　介護老人保健施設のデメリットは「期間限定の施設である」ことです。長期入所はできないとの前提で入所する施設であり、一定期間ごとに退所するかどうかの判断がなされます。したがって、入所の継続ができないという結論がなされた場合は、施設から退所しなければなりません。そこで、入所者や家族は、入所後も常に退所後の施設や介護体制などについて検討する必要があります。また、在宅復帰をめざしたリハビリを中心とする施設であるため、他の施設に比べるとお楽しみイベントなどが少ないことにも特徴があります。

　ただし、現状としては、契約の延長もしくは繰り返しにより、長期にわたって入所し続けるケースも見られます。具体的には、入所期間を延長する方法や、退所後数日を経過した後に再び入所する方法などの実態が見られます。

■ 介護老人保健施設へ入所するまでの流れ ……………………

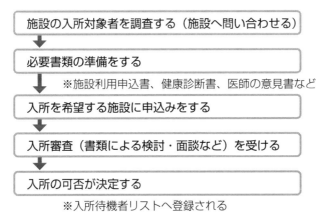

施設の入所対象者を調査する（施設へ問い合わせる）

↓

必要書類の準備をする

↓　※施設利用申込書、健康診断書、医師の意見書など

入所を希望する施設に申込みをする

↓

入所審査（書類による検討・面談など）を受ける

↓

入所の可否が決定する

※入所待機者リストへ登録される

9 介護医療院について知っておこう

「生活の場」を提供する点が従来の介護療養型医療施設との大きな違いである

■■ 介護医療院とは

介護医療院とは、要介護者であって、主として長期にわたり療養が必要である人に対し、施設サービス計画に基づいて、療養上の管理、看護、医学的管理の下における介護および機能訓練その他必要な医療並びに日常生活上の世話を行うことを目的とする施設です。

令和6年（2024年）3月末に廃止された介護療養型医療施設（長期間の療養が必要となる高齢者を対象に医療や介護サービスを提供する施設であった）が果たしてきた療養上の管理、看護、医学的管理が必要な介護ケアに加えて、機能訓練や生活の場を提供します。介護の他に医療が必要な高齢者が長期療養することが可能な施設であり、介護療養型医療施設の転換施設として位置付けられています。

■■ どのような人が対象になるのか

介護医療院へ入居するためには、要介護認定（要介護1～5の認定）を受けていることが必要です。要支援者は対象外です。要介護認定は65歳以上の高齢者が対象ですが、脳血管疾患などの特定疾病を抱えている場合は40歳以上から要介護認定を受けることができます。

介護医療院は医療設備が充実しており、病院のような設備が整っています。従来の介護療養型医療施設との大きな違いは「生活の場」を提供する点です。居室の面積は介護療養型医療施設より広く設定されており、談話室やレクリエーションルームの設置も必要です。

相 談 多床室の室料負担についての改正

Case 介護医療院の多床室についても、特別養護老人ホームなどと同様に、室料負担についての改正が検討されているとのことですが、すべての利用者が負担しなければならないのでしょうか。

....

回 答 令和6年（2024年）3月末での介護療養型医療施設の廃止に伴い、介護老人保健施設や介護医療院の多床室（数人の入居者が共同生活をする部屋）の室料負担の検討が行われました。多床室の室料負担は、利用者にとって事実上の生活の場所に選択されていることなどの理由から、介護老人福祉施設（特別養護老人ホーム）では一定の負担が求められています。この点から、介護老人保健施設や介護医療院の多床室も、在宅で介護サービスを受ける人との負担の公平さを考慮したときに、日常生活を行うための施設になっているのか、実態として死亡退所が多く、事実上の生活の場所として選択されているのかが、室料負担に関する論点となっていました。

結論としては、令和6年1月22日に行われた社会保障審議会介護給付費分科会で出された令和6年度介護報酬改定で、介護老人保健施設の一部（療養型・その他型）と介護医療院（Ⅱ型）の室料負担について、令和7年（2025年）8月以降、市町村民税非課税世帯については補足給付により利用者負担を増加させないことにしつつ、利用者から室料負担（月額8,000円相当）を求めることになりました。

しかし、室料負担には反対の声もあります。問題点として、介護老人保健施設や介護医療院は医療提供施設として在宅復帰のためのリハビリや治療などを行っている他、一部入所などの形を取っている入居者も多く、居住環境なども特別養護老人ホームと異なる点や、室料負担を求めることで対象者が利用を控えるようになり、必要な介護サービスを受けられなくなることなどが挙げられています。

10 有料老人ホームの形態や費用について知っておこう

利用形態や費用設定は施設によってさまざまである

■■ 有料老人ホームは実は「介護施設」ではない

　一見施設に入居していても、以下の場合には施設サービスではなく、在宅サービスとして介護保険の適用を受けます。

①　特別養護老人ホームや老人保健施設でショートステイという形式でサービスの提供を受ける場合

②　地域密着型サービスのうち、特定施設でサービスを受けられる場合（地域密着型特定施設入居者生活介護）

③　有料老人ホームなどのケアつきの住宅のうち、特定施設として認められている施設に入居していてサービスの提供を受ける場合（特定施設入居者生活介護）

　ケアつきの住宅には、有料老人ホームの他に、ケアハウスや軽費老人ホーム（A型・B型）などがあります。軽費老人ホームは、家庭の事情などから自宅で生活することが難しい高齢者で、身の回りのことは自分でできる人が低額で入居できる施設です（233ページ）。A型に入居できる対象者は、炊事についてはサービスの提供を受ける程度の健康状態にある人で、B型は、自炊できる程度の健康状態にある人を対象としています。軽費老人ホームの中でも特定施設としての指定を受けた介護利用型のケアハウスがあります。身の回りのことは自分でできる健康状態にある高齢者のうち、自宅で生活することが難しい人が対象になります。軽費老人ホームは、A型・B型・ケアハウスといった類型に分かれていますが、将来的にはすべての類型がケアハウスに統一される予定です。

特定施設については、定員29名以下の少人数制体制で運営されているサービスもあります（地域密着型特定施設入居者生活介護といいますが、サービスの内容自体に大きな違いがあるわけではありません）。

■■ 有料老人ホームの利用形態

　有料老人ホームとは、民間企業や社会福祉法人が運営する高齢者向けの住宅です。事業者は高齢者のニーズに合うよう、眺望や温浴施設・娯楽施設などの設備、高級な食事やイベントの提供など、さまざまなサービスを準備して差別化を図っています。利用申込みは直接施設に行い、利用負担については設置者との契約によります。

　有料老人ホームの利用形態は、さまざまな観点から分類することが可能です。

・住宅型・健康型・介護付という分類

　まず、利用者が有料老人ホームに入居を望む目的から、住宅型・健康型・介護付きという分類をすることができます。

　「住宅型」とは、生活の場を求めると同時に、外部の介護サービスを利用することを目的に有料老人ホームに入居する場合です。「健康

■ 有料老人ホームの種類と特徴 ·······················

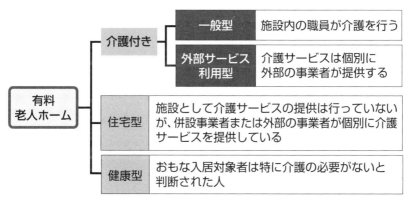

型」とは、当分介護の必要がないと考えている利用者が、専ら住居の場を求めるために有料老人ホームに入居する場合です。

「介護付」では、施設あるいは外部の事業者による介護サービスを受けることができます。

・入居要件からの分類

次に、入居要件からの分類として、利用者の身体的状況に応じて入居の可否が決定されることがあります。入居要件からの分類には、①自立型、②混合型、③介護専用型があります。

①自立型とは、入居時に要介護や要支援状態にないことが入居要件になっている場合です。②混合型とは、利用者が自立型のように健康な状態、または要介護・要支援の状態であっても入居可能である場合です。そして、③介護専用型とは、「入居要件として利用者が要介護認定1以上の状態でなければならない」と定められている場合や、「65歳以上」というように、利用者の年齢に制限を設けている場合を指します。

・契約方式に従った分類

さらに、契約方式に従った分類もあります。一般的な賃貸型住宅と同様に月額の利用料を支払い、介護等については別途契約が必要な方式を、建物賃貸借方式といいます。

これに対して、建物賃貸借契約および終身建物賃貸借契約以外の契約の形態で、居室に住む権利と生活に必要な支援など、サービスの部分の契約が一体となっている利用権方式もあります。

■■ 有料老人ホームに入居する際に必要になる費用

有料老人ホームに入居する際に必要になる費用として、おもに入居一時金と、月額利用料があります。その他に介護に必要な自己負担額や消耗品費、レクリエーションへの参加費等が必要です。

入居一時金とは、施設に入居する権利を取得するための費用のこと

です。金額や別途家賃の支払いが必要になるのかは施設ごとに異なり、短期で退所する場合には、一部返還される場合もあります。これに対して、月額利用額とは、一般の賃貸住宅の家賃に相当する金額を指し、一般に施設スタッフの人件費や、生活に必要な水道光熱費に充てられます。金額は施設ごとに、また地域によっても異なります。

■■ 介護付有料老人ホームのサービスと費用の目安

　介護付有料老人ホームの大きな特徴は、都道府県から「特定施設入居者生活介護」の事業者である旨の指定を受けているという点にあります。これにより、入居者は、入浴や排せつなどの介護や、日常の生活上の世話などを、介護保険サービスとして受けることができるわけです。入居一時金は0～1億円以上と、施設によって大きく異なります。月の利用料金は、12～35万円程度であることが一般的です。

　注意しなければならないのは、実際の介護サービスを誰が行うかという部分です。

■ 有料老人ホームにかかるおもな費用 ······································

項　目	費用の内容と注意点
入居申込金	部屋の予約の際に要求されることがあるが、不当に高額の場合には入居を再検討した方がよい。
入居一時金	家賃や共有部分の利用権を取得するための費用。1,000万円を超えることもあるので、途中で退去した場合の取扱いを聞いておくこと。
月額利用料	家賃・食費・管理費の3つをあわせたもの。光熱費や電話代の支払いが別途必要になるのかについて確認すること。
介護関連費用	介護保険の自己負担部分やオムツ代。介護保険のきかないサービスを受けた場合にはその費用。
個別のサービス料	老人ホーム内でのイベントやレクリエーションに参加する場合にかかる費用。

ケアプランの作成から実際の介護の実施まで、すべてを当該施設の職員が担当するタイプでは、24時間体制で介護を受けられるというメリットがありますが、介護サービスをあまり利用しなかった月も利用料金は変わらない（毎月一定の料金がかかる）という点が欠点になります。施設ではケアプランの作成や生活相談のみを行い、実際の介護は外部の事業者が行うというタイプもありますが、この場合、介護サービスの利用度によって月の利用金額が変動することになりますので、介護サービスを利用しすぎて介護保険の支給限度額を超えてしまうと、高額な介護費用を自己負担しなければならなくなる可能性があります。

■■ 住宅型有料老人ホームのサービスと費用の目安

　住宅型有料老人ホームは、施設内に介護職員が設置されていない点に特徴があります。施設で提供されるサービスは、食事や清掃などの日常のサービスと、緊急時の対応がメインになります。

　介護が必要になった際には、適切な介護サービスを受けることができるように併設または外部の事業者の在宅サービスや通所サービスを利用することになります。自治体の基準違反である場合が多いようですが、施設と提携している介護サービス事業者でなければ選択できないというような縛りが設定されている場合もありますので、注意が必要です。なお、入居一時金は0～1億円程度と施設によって大きく異なります。月の利用料金としては、12万～35万円程度であることが一般的です。

■■ その他どんなトラブルが考えられるのか

　その他考えられるトラブルとしては、実際に契約した後に、当初の説明と実際のサービスが大きく異なるような場合があります。契約時のトラブルを防ぐために、契約内容をしっかり理解して説明をよく聞き理解した上で、契約を行う必要があります。

11 施設の生活を知るために短期利用を上手に活用する

利用目的によって入居期間を選択できる

■■ 短期間利用して施設の生活を知ることも大切

　有料老人ホームというと、「終身利用権」を取得し、長期にわたって入居するのが一般的な利用の仕方です。しかし、最近はこれにこだわらず、さまざまな利用者のニーズに応じるために、短期利用を受け付ける有料老人ホームも増えてきています。有料老人ホームに入居するということは、生活のほとんどをその施設で過ごすということです。したがって、「今日頼んで今すぐに入居する」というように簡単には決められないものです。そこで、事前に短期利用を経験し、入居者側と施設側がお互いに情報交換をしておけば、いざというときに安心です。短期利用は、その入居期間によって、ショートステイ、ミドルステイ、年単位入居に分類できます。

■■ ショートステイ

　ショートステイとは、数日から2週間程度の短い期間入居することです。短期入所生活介護や短期入所療養介護のことだけを指して「ショートステイ」という場合もありますが、ここでは、介護保険が適用されない短期利用も含めて「ショートステイ」に分類しています。介護者が旅行などに出かけてリフレッシュしたいときや、仕事で短期出張するとき、冠婚葬祭などで外出しなければならないときなどに便利です。入居する高齢者の中には、施設で生活すること自体に抵抗を感じている人も多いようですが、このような機会に、まずは数日間の入居から始めてみると、施設での生活に無理なくなじんでいくことができます。

なお、特別養護老人ホームなどであれば介護保険サービスの短期入所生活介護や短期入所療養介護を利用することができますが、有料老人ホームの場合は介護保険が適用されないことも多いので、その場合の料金は割高になります。一泊約1～2万円程度が一般的のようです。

■■ミドルステイ

　1か月、2か月と月単位で入居することです。介護者が長期出張する場合などに活用するとよいでしょう。また、ショートステイだけではわからない施設や職員の雰囲気を体感することもできますので、本入居を決める前の体験入居として、ミドルステイを活用してみるという方法もあります。料金は1か月単位で設定しているところと、利用した日数で算出するところがあります。

■■年単位入居

　1年ごとに利用契約を更新する方法です。介護者が転勤するが数年後に帰ってくるという場合や、特別養護老人ホームの空き待ちの期間利用するといったことが考えられます。また、入居者が非常に高齢（90歳以上）である場合や、末期ガンを患っている場合など、今後の利用期間が長期間に及ぶ可能性が低い場合に、トータルの費用を抑える手段として有効な場合があります。

■ 短期利用の種類と活用方法 ……………………………………

種類	入居期間	活用方法
ショートステイ	数日～2週間程度	介護者のリフレッシュ、旅行、短期出張、冠婚葬祭など
ミドルステイ	月単位	介護者の長期出張、本入居前の体験入居など
年単位入居	1年ごと	介護者の転勤、特養の空き待ち期間など

12 軽費老人ホームについて知っておこう

プライバシーを守りながら安価に必要なサービスを受けられる

■■ どんな場所なのか

　軽費老人ホームは老人福祉法に定められた福祉施設の一種です。施設長、生活相談員などの職員が配置されており、必要に応じて相談や援助などのサービスを受けることができます。福祉施設という位置付けですが、特別養護老人ホームなどと異なり、居室は原則として1人用の個室です。施設によっては夫婦等で同居できるような2人部屋を設けているところもあります。居室の他には、食堂や浴室、談話室、洗濯室など共用の設備を設けることが義務付けられています。いわば学生などが共同生活をする寄宿舎のような場所と考えればよいでしょう。なお、軽費老人ホームには、食事の提供があるA型と、自炊が基本のB型がありますが、後述するケアハウス（C型）に一元化される方針のため、経過的軽費老人ホームとして運営されています。

　軽費老人ホーム（A型・B型）の入居対象となるのは、次のような条件を満たす人です。

・60歳以上（夫婦の場合はどちらか一方が60歳以上なら入居可能）であること。

・身体の機能が低下しているなどの事情で自立して生活することに不安があること。ただし、食事や入浴、着がえなど身の回りのことは自分でできること。

・家族などの援助を受けるのが難しいこと。

　この他、運営主体が市町村など地方自治体の場合は、その自治体に一定期間居住していることが条件とされる場合があります。

　また、一部公費補助により運営されている福祉施設ですので、家賃

などの負担は必要ありませんが、その分所得制限が設けられています（A型のみ）。ただし、生活費や事務費などの経費は自己負担となりますので、その費用を賄える資力があることは必要です。

■■ 入居方法や費用について

　入居に際しては、希望者と各施設が直接契約をすることになっています。希望者が入居対象の条件に合致しており、かつ施設に空きがあれば入居することができます。軽費老人ホームの所在地などの情報は、都道府県など、各自治体の高齢者関係窓口に問い合わせれば入手することができますし、インターネットなどにも掲載されています。

　軽費老人ホームに入居する際に、入居一時金や敷金・礼金などの費用はかかりません。また、月々の家賃のようなものも不要です。その面では、経済的負担はかなり軽いといえるでしょう。

　必要になるのは、月々の生活費と事務費です。生活費とは食費や共用部分の光熱費などの費用、事務費とは職員の人件費や管理費などの費用です。額については国が基準を定めています。生活費は施設の規模や所在地によって額が異なりますが、おおむね月5万円前後で、冬季には暖房代等を別途徴収する施設もあります。事務費については所得額に応じて負担するとされており、年収150万円以下の人であれば本人からの徴収額は月1万円となっています。

■■ 医療機関や介護などについてはどうなっているのか

　医療面については、嘱託医や提携医療機関を置き、そこで定期健診なども行っているというところがほとんどですが、必要に応じて入居前からのかかりつけ医に通院することも可能です。緊急時には提携医療機関等に搬送されることも多いので、あらかじめ健診を受けるなどしてカルテを作っておく必要はあるでしょう。

　介護が必要になった場合、在宅の場合と同様、指定居宅介護支援事

業者と契約し、訪問介護を受けることができます。ただ、重度の介護が必要になったり、認知症を発症して他の入居者との共同生活に支障が出るなどした場合は、別の施設などに転居しなければならないというところが多いようです。

■■ 日常生活には支障がないのか

A型の場合、食事は3食提供されますが、居室にミニキッチンを備えているところも多く、食べたくなければ断ることもできますし、外食に出ることも可能です。また、来訪も自由で、必要に応じて宿泊や来訪者向けの食事の提供を求めることができる施設もあります。

買い物や旅行などの外出や外泊については、届出が必要なところもありますが、おおむね自由に行うことができます。中にはホームから出勤したり、内職をすることを認めている施設もあります。

このように、日常生活には大きな支障がなく、比較的自由に過ごすことができますが、入浴は共用の浴場を使うことになるため、毎日は入れない場合もあります。

■ 軽費老人ホームの種類とサービス

	入居条件 ※1	特徴 ※2
軽費老人ホーム A型	部屋の掃除や洗濯などの身の回りのことは自分で行える状態	個室 食事など日常生活で必要なサービス提供あり
軽費老人ホーム B型	身の回りのことも自炊もできる状態	個室・台所・トイレ
ケアハウス	身の回りのことを自分で行えるが自炊はできない状態、在宅での生活が困難な人	食事つきが原則で自炊も可

※1　どの類型でも60歳以上であることが必要だが、夫婦で入居する場合にはどちらか一方が60歳以上であれば可能

※2　どの類型でも、家賃に相当する分の利用料、日常生活上の経費は自己負担

13 ケアハウスについて知っておこう

比較的元気な高齢者が住みやすい形態

どんな場所なのか

　軽費老人ホームの一種で、C型などと称されることもあります。前述した軽費老人ホームのA型とB型については新設が認められておらず、既存のものは建て替えの際にはケアハウスに移行する経過措置となっているため、現在は軽費老人ホームの大半がケアハウスとなっています。居室は原則として一人用の個室で、マンションのような作りになっていますが、食堂や浴室、洗濯室といった共同設備も備え付けられています。生活は比較的自由ですが、食事は三食提供されますし、施設長、生活相談員、調理員、介護職員といった職員が配置されており、必要に応じて生活面の支援を受けることができます。

他の軽費老人ホームとはどう違うのか

　システムは、軽費老人ホームA型とほぼ同じです。大きな違いは、低所得の人向けで入居一時金などが必要ないA型に比べ、ケアハウスでは家賃が必要になるということです。入居時に家賃の前納として入居一時金を徴収している所もあります。ただ、その分所得制限はありませんし、施設数もA型より多くなっているので、A型よりも入居先を見つけるのは容易でしょう。

どのような人が対象なのか

　ケアハウスの入居対象となるのは、次のような条件を満たす人です。
・60歳以上（夫婦の場合はどちらか一方が60歳以上であれば入居可能）であること。

・身体の機能が低下しているなどの事情で自立して生活することに不安があること。ただし、食事や入浴、着がえなど身の回りのことは自分でできること。
・家族などの援助を受けることが難しいこと。

　この他、運営主体が市町村などの地方自治体の場合は、その自治体に居住していることが条件とされている場合があります。

　条件については、所得制限を除いて軽費老人ホームとほぼ同じです。また、入居一時金を徴収している施設の場合、それを支払えるだけの資力が必要になります。

■■ 入居するには

　入居に際しては、希望者と各施設が直接契約をすることになっています。希望者が入居対象の条件に合致しており、かつ施設に空きがあれば入居することができます。ケアハウスの場合、入居時に入居一時金を徴収する施設が多いのですが、入居一時金は家賃の前払いとして納付するものですので、入居期間が短ければ、退去する際に入居期間分を差し引いた額を返金してもらうことができます。

　なお、ケアハウスの所在地などの情報は、各自治体の高齢者関係窓口に問い合わせれば入手することができますし、インターネットなどにも掲載されています。

■■ 費用はどのくらいかかるのか

　ケアハウスの場合、家賃の負担が必要です。徴収の方法としては、入居一時金として数年分、たとえば20年分の一括納付を求めるところと、一部の納付を求めるところ、月々の分納にしているところがあります。一括納付すれば、月々の家賃は必要ありませんが、一部納付、分割納付の場合は家賃もしくは管理費などの名目で月に数千円〜数万円が徴収されることになります。

家賃の額は建築にかかった費用などから算出されるため、施設によって異なりますが、中には入居時に1,000万円以上の入居一時金を納めなければならない施設もあるようです。

　さらに、他の軽費老人ホームと同様、月々の生活費と事務費が必要になります。額については国が基準を定めています。生活費の額は施設の規模や所在地によって異なりますが、おおむね月5万円前後で、冬季には暖房代等を別途徴収する施設もあります。事務費については所得額に応じて負担するとされており、年収150万円以下の人であれば本人からの徴収額は月1万円です。

■■ 医療機関や介護などについてはどうなっているのか

　医療機関については、嘱託医や提携病院を持っているところがほとんどですが、かかりつけ医や提携外の病院に行くことも可能です。

　ケアハウスには一般型と介護型があり、一般型については、介護が必要な場合には在宅時と同様、外部の介護事業者と契約して在宅介護サービスを利用することになります。一方、介護型については「特定施設入居者生活介護」の指定を受けているため、施設の職員が介護サービスを提供する介護つきケアハウスとなっています。

　なお、重度の介護が必要になったり、認知症などで他の入居者との共同生活に支障が出るような状態になった場合には、転居を求められることが多いようです。

■■ 日常生活には支障がないのか

　ケアハウスは比較的元気な高齢者が入居する施設ですから、プライバシーもある程度守られていますし、かなり自由に生活することができます。外出、外泊、通勤なども自由ですから、日常生活に大きな支障はないでしょう。ただ、施設での共同生活である以上、食事を食べないときは事前に伝える、他の入居者に迷惑をかけないなど、守らな

ければならないルールはあります。

また、入浴については毎日は入れないこともありますので、気になる場合は確認しておきましょう。

■■ 都市型軽費老人ホームとは

ケアハウスには、単身の場合で21.6㎡以上、夫婦で入居する場合で31.9㎡以上でなければならないという面積基準があります。しかし、地価の高い都市部においては、この面積基準を満たすことができず、単身の高齢者が増加しているものの、安心して生活するためのケアハウスを作ることができないという問題が生じていました。

そこで、東京23区や横浜市、大阪市、神戸市、名古屋市などの既成市街地等については、定員が20名以下であることを条件として、居室の面積の基準が緩和されています（7.43㎡以上であればよいとされています）。こうしたケアハウスのことを、都市型軽費老人ホームといいます。都市型軽費老人ホームが認められたことにより、都市部においても、利用料を低く抑えたケア付きの住まいの整備が進められています。設備やサービスについては、都や区市の審査を受けることになっていますので、これによって一定の水準が確保されています。

■ 都市型軽費老人ホームの特徴 ···

整備地域		既成市街地等の都市部
定員		５人以上 20 人以下
設備基準	建物	原則：耐火または準耐火構造
	居室	個室　7.43 ㎡以上 （収納設備を除く）
	共用部分	娯楽室・集会室等の設置義務なし （食堂・浴室・便所等は軽費老人ホームの規定を準用）
職員		施設長、生活相談員、介護職員等

14 グループホームについて知っておこう

認知症の人が穏やかに暮らせるよう考慮された「家」

■■ 認知症の問題

　高齢者に起こり得る心身の衰えの中で、対応が難しいもののひとつが認知症です。認知症の症状が出始めると、記憶力、注意力、状況把握力といった能力の低下だけでなく、徘徊や暴力行為、幻覚といった周辺症状があることも、対応を困難にさせる要因となります。このような症状が出始めると、家族としては精神的ショックに加え、四六時中気が休まる暇がない生活が続くため、時にはいら立ちを感じることもあり、心身ともに疲れが蓄積していくことが予想されます。

　認知症の周辺症状は本人の不安から来るものといわれているため、生活状況が安定することによってある程度の改善を期待することができます。しかし、疲れ切っている家族が生活の状況を安定させようとしても、なかなかうまくいかないのが現状です。介護による肉体的な負担の大きさと、認知症という病気が原因で、家族である介護者のことさえも忘れてしまう高齢者のことを受け入れなければならないという精神的な苦痛から、穏やかに接することが難しいことが一因だといえるでしょう。

■■ グループホームとは

　自宅で生活することが難しい状態の認知症患者に対して利用できるのがグループホームです。介護保険上は「認知症対応型共同生活介護」として扱われ、5〜9人程度の少人数の認知症の高齢者が、職員の助けを借りながら共同生活を送る「家」のような場です。

　グループホームには一人ひとりに個室が用意されている他、共用の

リビングや浴室、トイレなどがあり、入居者が職員の助けを借りながら調理や掃除、後片付けなどの役割をこなします。散歩や買い物などの外出や、時にはバス旅行などで日常生活を楽しく穏やかに暮らせるように支援する施設も見られます。特別養護老人ホームなどの大型施設に併設されている場合が多く、利用者は、家庭的な雰囲気や地域住民との交流など、住み慣れた環境の中で安心した生活を送ることができます。

　なお、認知症の症状がある要支援2該当者を対象に、日常生活上の世話ではなく支援を行い、利用者の生活機能の維持または向上をめざす介護予防認知症対応型共同生活介護というサービスもあります。これは要介護の状態へ進行することを防ぐためのもので、高齢者の自立した生活を可能とするためのサポートを行っています。

■■ 入居できる人と退去するケース

　グループホームには、認知症をわずらっている65歳以上の高齢者のうち、おおむね要介護度1以上の人で、自分の身の回りの世話が自身で一通りできる者が入所できます。グループホームでは他の入居者と協力して生活することになるため、暴力行為が激しいなど共同生活に

■ 認知症対応型共同生活介護（グループホーム）のしくみ ………

特　長	認知症の高齢者が施設の介護スタッフとともに共同生活する介護サービス
入居対象者	共同生活を送る上で支障のない認知症の高齢者要介護認定で要支援2以上の人を対象
人　数	5〜9人
費　用	介護サービス利用料の自己負担分は原則1割。利用料の他に家賃、食材料費、光熱費、敷金などが必要
施　設	原則として個室計画作成担当者の介護サービス計画に基づいて食事や入浴などのサービスが提供される

適さない症状を示す場合は、入居することができません。また、認知症であっても、その原因となる疾患が「急性の状態」にある場合も入居することができないため、注意が必要です。

　中には寝たきりなど重度の介護が必要になった場合には退去を求めるところもありますので、事前に確認しておくとよいでしょう。

■■ どんな職員がいてどんなサービスが受けられるのか

　グループホームにはおよそ入所者３人あたり１人の介護職員がいます。施設の特性上、特に認知症の介護経験が豊富なスタッフが優先して配置されています。また、ケアマネジャーなども常駐しています。

　これらのスタッフは、入所者が安心して生活を送ることができるよう、食事や掃除、クリーニング、機能訓練などのサポートを行います。また、認知症ゆえの突然の行動にも対処できるよう、家族に代わって様子を見守ることも行います。ただし、認知症の症状が重症化した場合や何らかの医療ケアを要することになった場合は対応が取れず、退去せざるを得ない場合があります。共同生活者に暴力をふるうなどの行為が発覚した場合も、退去させられる可能性があります。

■■ 入所にはどんな費用がどれぐらいかかるのか

　グループホームの場合は、介護保険を利用できることに特徴があります。ただし、入所時の一時金や保証金が数百万程度かかる場合があるため、必ず事前に確認をする必要があります。

　月額の利用料は要介護度に対応して決定されます。施設によって差がありますが、たとえば要介護３の場合は介護サービス費と加算費用の合算で３万円前後、居住費や食費が７万円前後、オムツ代など日用品に対して課される雑費が５万円前後で、総合すると15万円程度の費用がかかります。なお、入所する場合は、認知症であることを示す主治医の診断書が必要です。

15 グループリビングをするにはどうしたらよいのか

少人数の高齢者が支援を受けながら居住する形態

■■ どんな特徴があるのか

　最近は、65歳を越えて「高齢者」と呼ばれるようになっても、元気な人がほとんどです。70歳、80歳になっても趣味にいそしんだり、ボランティア活動をしたり、中には現役で活躍している人もいるほどです。

　しかし、そんな人たちにも、年齢による心身の衰えはどうしても出てきます。一人暮らしをしていて突然病気になったらどうしようという不安を抱えていたり、日々の家事に負担を感じたりしていることがあるということです。それならば子どもとの同居を考えたり、元気なうちに自立型の有料老人ホームに入居するといった方法をとればよいのではないかと考えがちです。しかし、実際には「子どもと同居して負担はかけたくないし、自分も気兼ねしながら暮らすのは嫌。自由に生活していたいから、施設や老人ホームに入居してルールに縛られるのは抵抗がある」といったことを思う高齢者もかなりいるようです。このような悩みを抱える高齢者の居住方法のひとつとして注目されているのがグループリビングです。

■■ グループリビングに入居するには

　グループリビングとは、5〜10人前後の少人数の入居者が個々に住める居室と、一緒に使用できるリビング、台所、風呂などの共用設備を併設した「グループハウス」に住むことをいいます。グループハウスの入居者は、おおむね60歳以上の比較的健康な高齢者が対象で、個々の生活ペースを尊重する一方、台所で食事を一緒にとったり、共用リビングでおしゃべりを楽しんだりもできます。食事の準備や共用

設備の清掃などは相互に助け合う他、外部の事業者に委託するなどして運営するところもあります。

　グループハウスの数は、まだ日本では少ないのですが、思いをひとつにする高齢者同士が立ち上げて運営をNPO法人に委託したり、企業や自治体が建設・運営に乗り出すというケースが徐々に増えてきています。介護が必要になった場合にどうするのかといった問題点はありますが、孤独感や不安感を解消し、個々の人生を楽しむことができるという点で、今後期待の持てる手段だといえるでしょう。

　なお、グループハウスに入居するには、入居者を募集しているところを探す他、設立を支援するNPOなどに相談し、仲間とともに自ら立ち上げることを考えてみるのも一つの方法です。

　ただし、グループハウスには介護保険の適用がないため、他の施設と比べて運営するのが難しいという欠点を抱えています。安易な気持ちで立ち上げてしまうと、安定的な経営が保てずに、閉鎖せざるを得ない事態に陥る危険性もありますので、十分に注意しましょう。

■ グループリビングのしくみ ……………………………………………

特　徴	比較的元気な高齢者が、一緒に住み、自発的に助け合って生活すること
入居対象者	健康で、身の回りのことを自分でできるおおむね60歳以上の人
人　数	おおむね5〜10人
費　用	入居一時金、月額費用、共益費などがかかる。入居一時金が300万円以上の施設もある
施　設	施設によって異なるが、個室と共有スペースが分かれている。風呂・トイレなどの設備を個室に備えている施設もあれば、共同生活者で共用するタイプもある

16 サービス付き高齢者向け住宅について知っておこう

見守りサービスなどが受けられる賃貸住宅である

■■ サービス付き高齢者向け住宅とはどんな住宅か

　高齢者が安心して生活できる住宅として誕生したものが、195ページで述べたサービス付き高齢者向け住宅（サ高住）です。

　サービス付き高齢者向け住宅は、一定の要件を満たした上で、都道府県から登録を受けた住宅です。登録基準については、「高齢者の居住の安定確保に関する法律（高齢者住まい法）」に規定が置かれています。たとえば、入居できるのは、60歳以上の人か要介護・要支援を受けている人と、その同居者に限定されています。また、同居者として認められるのは、配偶者、60歳以上の親族、要介護・要支援を受けた親族などに限られます。

　なお、サービス付き高齢者向け住宅は、単身者向けの居室の戸数が圧倒的に多くなっています。そのため、夫婦で住むことを希望していたとしても、2人で入居できる部屋が空いていないために、二部屋を借りなければならないというケースも多くなっているようです。このような場合は、一部屋を寝室、もう一部屋をリビングとして利用するという方法もあります。

■■ サ高住と特養・有料老人ホームは何が違うのか

　サービス付き高齢者向け住宅の大きな特徴は、入居に際して締結する契約が賃貸借契約であるという点にあります。つまり、入居者には借地借家法上の借家人としての地位が認められることになります。たとえば、特別養護老人ホームや有料老人ホームなどの場合は、利用権契約を締結することが一般的です。この場合、長期入院が必要になる

と退去しなければならないことが多く、そのことを契約解除の条件としてあらかじめ定めている施設が多くなっています。しかし、サービス付き高齢者向け住宅の場合は、入院したことを理由に事業者側から一方的に契約を解除することは認められていません。

また、有料老人ホームの場合、施設によっては入居時に高額な一時金を用意しなければなりませんが、サービス付き高齢者向け住宅の場合は一時金を求められることはなく、通常の物件を借りる場合と同じように、敷金や家賃を支払えばよいことになります。

ただし、サービス付き高齢者向け住宅の目的は、あくまでも「高齢者に住まいを提供する」という点にあることを理解しておく必要があります。特別養護老人ホームや介護付き有料老人ホームのように、介護サービスを受けることを前提条件とした施設とは違います。そのため、生活支援サービスや介護サービスを利用するためには、原則として外部の事業者に依頼をしなければならないという点に注意しましょう。

■■ サービス付き高齢者向け住宅はどんな建物・設備なのか

特別養護老人ホームや有料老人ホームは「福祉施設」に分類されますが、サービス付き高齢者向け住宅は「共同住宅」です。したがって、自宅の鍵は自分で管理することになり、門限時間などの設定はありません。外出や外泊なども自由にすることができますし、来客を招き入れることも可能です。他の入居者の迷惑になること以外であれば、自由に行うことができるのが原則です。

また、高齢者が安全に生活できるよう、建物にはバリアフリー構造が採用されています。床の段差はなく、各所に手すりやスロープ、エレベーターなどが設置されています。

さらに、面積要件（原則として専用部分の床面積は25㎡以上）と設備要件（原則として専用部分に台所・水洗便所・収納設備・浴室を完備）を満たしていることも必要とされています。なお、共用設備に十

分な面積がある場合には、専用部分の床面積は18㎡以上でよいことになっています。

サ高住ではどんなサービスが受けられるのか

サービス付き高齢者向け住宅は、常駐するスタッフが高齢者に対する見守りサービス（状況把握サービスや生活相談サービス）を行うことが必須の要件となっています。

なお、見守りサービスは、原則はケアの専門家（医師・看護師・介護福祉士・社会福祉士・介護支援専門員など）が少なくとも日中建物に常駐して、サービスを提供することになっていますが、利用者の承諾を得ている場合は、常駐せずに、定期訪問や電話、入居者の動きを感知するセンサーを設置することによる確認など、適切な方法により状況把握や生活相談サービスを提供する場合もあります。

以上の要件に加えて、総合的に高齢者の生活を支えるという目的を果たすために、オプションサービスとして、食事のサービスなどの生活支援サービスも提供されています。

各住宅において受けられるサービスの具体的な内容は、その住宅ごとに異なりますから、入居する前にしっかりと情報を集めるようにしましょう。全国のサービス付き高齢者向け住宅の情報は、「サービス付き高齢者向け住宅情報提供システム（https://www.satsuki-jutaku.jp）」によって調べることができますので、これらの情報を活用して、

■ サービス付き高齢者向け住宅の要件

身体状況	自立（60歳以上） ／ 要支援 ／ 要介護		
付帯サービス	状況把握 ／ 生活相談		食事（オプション）
床面積	25㎡以上		
主体	民間企業	社会福祉法人	医療法人
根拠法	高齢者すまい法		

入居者本人の希望に合う住宅を探すようにしましょう。

■■ サ高住で介護が必要になったらどうするのか

　サービス付き高齢者向け住宅のサービスの中には原則として介護サービスが含まれていません。しかし、介護が必要な状態に至った場合にも、同じ住宅に居住していながら、適切な介護サービスを受けることができるように、外部の介護サービスを利用することが可能です。賃貸する住宅の標準オプションとして、追加されていることが多いようです。また、入居者への介護サービスについては、介護保険の24時間対応の定期巡回・随時対応型訪問介護看護を組み合わせたしくみの活用が期待されています。

　なお、近年は特定施設入居者生活介護の指定を受けたサービス付き高齢者向け住宅も増えており、介護保険による介護サービスが受けやすくなってきています。

■■ どんな場合にサ高住を選ぶのがよいのか

　サービス付き高齢者向け住宅を選択するメリットは、他の施設に入居する場合に比べて、非常に自由度の高い生活を送ることができるという点にあります。健康状態がある程度安定しており、できるだけマイペースに、プライバシーが保たれた生活を送りたいと考えている人に向いている住まいだといえるでしょう。また、有料老人ホームのように高額な一時金を支払う必要もないため、他の住まいに移りたいと考えた場合には、気軽に住み替えをすることも可能です。

　ただし、心身の状態が衰えてくると、サービス付き高齢者向け住宅での生活にはデメリットが増えてきます。介護が必要になった場合は訪問介護を利用することになるため、いつでも手厚い介護を受けられるというわけにはいきません。介護度が重くなると自己負担額が増え、他の施設への住み替えが必要になる場合もあります。

そこで、元気なうちはとりあえずサービス付き高齢者向け住宅に住み、自分の健康状態の様子を見ながら、必要に合わせて他の施設への住み替えも検討していくというのもよい方法だといえるでしょう。

■■ 入居条件と入居時にかかるお金

入居条件は、入居契約（契約の内容でいうと賃貸借契約）で必要事項を確認することになります。書面によって契約締結する決まりがありますので、当該書面で契約条項を確認することが重要です。特に、後々のトラブル防止のため、契約の解除事由や更新拒絶事由の条項はよく確認しておくようにしましょう。

サービス付き高齢者向け住宅に入居するときには、高額な一時金を支払う必要はありません。ただ、一般的には、敷金として家賃の2〜3か月分を支払うことになります。また、毎月の家賃、管理費、水道光熱費を支払う必要があります。月々の料金の目安としては、8万円から15万円程度の金額になることが多いようです。ただし、居室の面積や所在地（立地の良さや地域など）によって料金は大きく異なりますので、注意が必要です。食事などのオプションサービスを利用する場合には、さらにその費用も加わることになります。どんなサービスにどれだけの費用がかかるのか、細かく確認しておくことが必要になります。

■■ 重要事項説明書の交付が義務付けられている

入居契約（賃貸借契約）を結ぶ際には、必ず事業者は入居者に対して重要事項説明書を交付しなければならないことになっています。サービス付き高齢者向け住宅の重要事項説明書は、有料老人ホームのものに比べると、書類の枚数も少なくなっています。つまり、記入のない情報については、自らが積極的に事業者に対して確認していくという姿勢が必要になります。

なお、サービス付き高齢者向け住宅が特定施設入居者生活介護を兼ねている場合、複数の重要事項説明書が作成されることもあります。

重要事項説明書の記載内容のうち確認を要するおもなポイントは以下のとおりです。

・生活支援サービス事業者及び住宅事業主体

事業者については、生活支援サービスを提供する事業者と、住宅の管理運営をする事業主体が、異なっている場合があります。また、事業主体が行っているおもな事業を確認することで、その事業主体の特徴や経営の方向性を推測することができます。住宅事業主体の介護事業の実績が少ない場合、高齢者のニーズをよく把握できていない場合もありますので、十分注意しましょう。

・住宅の開設年月日や契約形態

住宅概要のうち、住宅の開設年月日に記載されている日付は、サービス付き高齢者向け住宅が開設された日です。サービス付き高齢者向け住宅は、既存の建物を改築して開設されることも多くなっていますから、建物自体の築年数はしっかりと把握しておく必要があります。特に、大々的なリフォームを施している場合は、見た目のきれいさで建物の築年数を見落としがちになりますので、十分注意してください。

・サービスの内容

基本サービス（入居者全員が受けるサービス）とその他のサービス（オプションとして選択するサービス）がありますので、その詳細内容と費用をなるべく具体的に確認するようにしましょう。

・解約やトラブル対応

事業者から一方的に解約される事由を確認しましょう。「他の入所者の生命・財産に危害を及ぼすおそれがあるとき」などというように、明確な表現が避けられているような場合には、どのようなケースが該当するのか具体例を挙げてもらうようにしましょう。

相談 施設サービスを利用したときの食費や居住費用などの扱い

Case 介護保険施設に入所することになりました。サービスの利用料金の他に、食費や光熱費については別途料金がかかるとの説明を受けました。サービスの利用料金の負担だけでも楽ではないのに、さらに食費や光熱費用まで負担しなければならないとなると、経済的な負担が大き過ぎます。何か補助などを受けることはできるのでしょうか。また、介護保険サービスを多く利用した場合の利用料についても、補助などはあるのでしょうか。

回答 在宅での介護の場合、光熱費や家賃などは利用者の自己負担であることとの関係上、施設利用をした場合でも光熱費や家賃などは自己負担が原則となっています。施設を利用する際に生じる食費や居住費用のことをホテルコストといいます。施設サービス利用者のホテルコストは、施設側が利用者に対して請求することになりますが、施設間で大きな差が生じないように工夫されています。たとえば食費については、その平均的な金額を計算した基準額が設定されています。

部屋代については、個室であるかどうかなどの段階的な基準により、基準額が設定されています。

ただし、施設を利用する際に生じる食費や居住費用（ホテルコスト）の自己負担は、施設の利用料と合わせて、低所得者にとっては大きな負担になります。そこで、負担を軽減するための制度として、利用者負担軽減制度（55ページ）や特定入所者介護サービス費（56ページ）の利用が認められる場合があります。

具体的には、特定入所者介護サービス費については、以下の条件を満たす人が利用することができます。

① 世帯全員・配偶者（後述のように世帯分離しているかどうかは問いません）が市民税非課税で、預貯金などの資産の合計額が2,000

万円以下（配偶者がいる場合）であること（配偶者がいない場合は1,000万円以下）

② 生活保護を受給していること（あるいは生活保護受給の境界層に該当する場合も含みます）

　負担軽減を受けるためには、介護保険負担限度額認定申請書（次ページ）を提出し、介護保険負担限度額認定証の交付を受けることが必要になるため、市区町村に手続きについて確認してみるとよいでしょう。

　なお、上記条件①に関して、世帯分離とは、世帯の一部を同居の家族と分ける手続きのことです。たとえば通常は、介護保険の高額サービス費の判断は、親本人だけではなく、親とともに生活している家族（世帯）の収入に応じて決められます。その際に、世帯収入があることにより、介護保険の費用軽減の対象とならないようなケースでも、世帯を分離することで、費用軽減の対象に含まれるようになる場合において、世帯分離を活用できる可能性があります。ただし、世帯分離にも要件があり、市区町村などで確認することが必要です。また、必ずしも負担額が軽減しない可能性もあることに注意が必要です。たとえば、1つの家庭の中で、介護保険サービスを利用している人が複数名いる場合には、世帯分離を利用することで、かえって負担が増加してしまうおそれがあります。なぜならば、介護保険サービスを複数名が利用している家庭においては、サービスの利用料を合算して、請求することが認められているためです。しかし、世帯分離が行われてしまうと、合算して請求することができなくなってしまうため、結果として、家庭全体の負担額が増える場合があります。

　さらに、利用するサービス自体が増えてくると、自己負担額も高額になります。そこで、介護保険のサービス費用が一定の基準を超えて高額になった場合、その超えた部分について高額介護サービス費（54ページ）の支給を受けることが可能です。

第 38 号様式(第 69 条関係)

介護保険負担限度額認定申請書　　　　　　　　○ 年 ○ 月 ○ 日

（申請先）
　　新宿区長　宛て
次のとおり関係書類を添えて、食費・居住費(滞在費)に係る負担限度額認定を申請します。

フリガナ	シンジュク タロウ	保険者番号	×××××
被保険者氏名	新宿　太郎	被保険者番号	0000123456
		個人番号	123456789123
生年月日	昭和○ 年 ○ 月 ○ 日	性別	男 ・ 女
住所	〒160-8484　新宿区歌舞伎町 1-4-1　電話番号 5273－4176		

入所(院)した介護保険施設の所在地及び名称(※)	〒 160-○○○○　　　新宿区○-○-○　介護老人保健施設　　○○○○　電話番号　5273-○○○○	1　特別養護老人ホーム ② 介護老人保健施設 3　介護医療院 4　介護療養型医療施設 5　地域密着型特養ホーム 6　その他（ショートステイ）
入所(院)年月日(※)	令和○ 年 ○ 月 ○ 日	

(※)介護保険施設に入所(院)していない場合及びショートステイを利用している場合は、記入不要です。

下記の「配偶者」には、世帯分離をしている配偶者、本人と住民票上の住所が異なる配偶者又は内縁関係の方を含みます。

配偶者に関する事項	配偶者の有無	有 ・ 無 □特段の事情（　　　　　　　）	左記において「無」の場合は、以下の「配偶者に関する事項」については、記入不要です。	
	フリガナ	シンジュク ハナコ	生年月日	昭和○年 ○ 月 ○ 日
	氏名	新宿　花子	個人番号	123456789012
	住所	〒 160-8484　新宿区歌舞伎町 1-4-1　電話番号 5273－4176		
	本年1月1日現在の住所	〒　　　　　　　　　　　　　　　　　　　※現住所と異なる場合は、記入する。		
	課税状況	区市町村民税　　課税 ・ 非課税		

収入等に関する申告	□　生活保護受給者/又は区市町村民税世帯非課税である老齢福祉年金受給者①です。		
	✔　区市町村民税世帯非課税者であって、課税年金収入額と非課税年金収入額とその他の合計所得金額の合計が	非課税年金収入額に関する申告	有 ・ 無
	□　年額 80 万円以下です。②		有の場合 ✔遺族年金 （★） □障害年金
	✔　年額 80 万円を超え、120 万円以下です。③		
	□　年額 120 万円を超えます。④		
預貯金等に関する申告 ※通帳等の写しは、別添のとおり	✔　預貯金、有価証券等の金額の合計が ①の方 1,000 万円（夫婦は 2,000 万円）/②の方 650 万円（夫婦は 1,650 万円） ③の方　550 万円（夫婦は 1,550 万円）/④の方 500 万円（夫婦は 1,500 万円） 以下です。※第 2 号被保険者の場合は、1,000 万円（夫婦は 2,000 万円）以下です。		
	預貯金額 500万円	有価証券（評価概算額） 0 円	その他（現金・負債を含む。） 0 円

（★）寡婦年金、かん夫年金、母子年金、準母子年金及び遺児年金を含みます。

申請者が被保険者本人の場合には、下記について記入は不要です。

申請者氏名	新宿　花子	連絡先（自宅・勤務先）	5273－4176
申請者住所	新宿区歌舞伎町 1-4-1	本人との関係	妻

注意事項
1　預貯金等については、同じ種類の預貯金等を複数保有している場合は、その合計を記入してください。書き切れない場合は、余白に記入するか又は別紙に記入の上添付してください。
2　虚偽の申告により不正に特定入所者介護サービス費等の支給を受けた場合には、介護保険法第 22 条第 1 項の規定に基づき、支給された額及び最大 2 倍の加算金を返還していただくことがあります。

高額医療・高額介護合算療養費制度について知っておこう

医療費・介護サービス費の高額負担者の負担額を軽減するための制度

■■ 高額医療・高額介護合算療養費とは

　医療の場合は高額療養費、介護の場合は高額介護サービス費の制度が用意されています。高額介護サービス費とは、介護サービスを利用した場合の費用が高額になった場合に受けることができる費用の軽減制度です。

　介護保険を利用する場合、介護サービス費の1割（所得によっては2割または3割）を負担すればサービスを受けることが可能ですが、それに加えて医療費を負担する場合、高額の負担を伴うケースも多くあります。一般的に、介護サービス費の高額負担者は同時に医療費の高額負担者であることも多く、それぞれの制度の上限の合計額は大きな負担になることがあります。そのため、毎年8月から1年間にかかった医療保険と介護保険の自己負担額の合計が、一定の基準額（75歳以上の世帯で年収約370万円未満の場合は56万円）を超える人に対してはその超える分が支給される「高額医療・高額介護合算療養費」という制度があります。

　対象は、介護保険の受給者がいる健康保険、国民健康保険、後期高齢者医療制度の医療保険各制度の世帯です。自己負担限度額は56万円を基本ベースとして、加入している医療保険の各制度や世帯所得によって細かく設定されています。たとえば、次ページの図のように70歳以上で年収が約370万円～約770万円の場合、自己負担限度額は67万円、住民税非課税世帯の場合は、31万円とされています。

　注意する点は、高額医療・高額介護合算療養費は、まず高額療養費と高額介護サービス費制度の適用を受ける必要がある、という点です。

それぞれの負担軽減措置を受けてもなお、医療費と介護サービス費の自己負担額の合算に、支給基準額500円を加算した額が図の限度額を超える場合に差額が軽減される、というしくみになっています。

　なお、医療費と介護サービス費の自己負担額のどちらかが０円だった場合は、高額医療・高額介護合算療養費の対象にはなりません。また、図の限度額を超える金額が500円以下（支給基準額以下）だった場合についても、支給の対象になりません。

■■ 合算を利用するときの手続き

　医療保険が後期高齢者医療制度または国民健康保険の場合は、医療保険も介護保険もともに所管が市区町村であるため、役所の後期高齢者医療または国民健康保険の窓口で支給申請を行います。

　一方、健康保険の場合は介護保険と所管が異なるため、まず介護保険（市区町村）の窓口で介護保険の自己負担証明書の交付を受け、これを添付して協会けんぽや健康保険組合など、各健康保険の窓口で、高額医療・高額介護合算制度の支給申請をする必要があります。

■ 高額医療・高額介護合算療養費の自己負担限度額 ·················

所得区分	基準額 （70歳未満の場合）	基準額 （70歳以上の場合）
年収　約1,160万円超	212万円	212万円
年収　約770万円～約1,160万円	141万円	141万円
年収　約370万円～約770万円	67万円	67万円
年収　約370万円未満	60万円	56万円
低所得者① 被保険者が市町村民税の非課税者等	34万円	31万円
低所得者② 被保険者とその扶養家族すべての方の所得がない、かつ、公的年金額が80万円以下		19万円※

※介護サービス利用者が複数いる場合は31万円

【監修者紹介】
若林　美佳（わかばやし　みか）

1976年神奈川県生まれ。神奈川県行政書士会所属。平成14年行政書士登録。相武台行政書士事務所（平成22年2月に行政書士事務所わかばに名称を変更）を設立。病院勤務等の経験を生かし開業当初から、福祉業務に専念し、医療法人・社会福祉法人設立等法人設立を主要業務としている。また、福祉法務に関するエキスパートとして地域の介護支援専門員等との交流を深め、福祉ネットワークを組んでいる。介護保険分野では、多くの介護サービス事業所や特別養護老人ホーム設置等を手がけ、創業・運営についてコンサルティングも行っている。

監修書に『介護福祉サービス申請手続きと書式』『障害福祉サービスと申請手続きマニュアル』『図解 福祉の法律と手続きがわかる事典』『図解で早わかり 福祉サービスの法律と手続き』『介護保険施設・有料老人ホーム・高齢者向け住宅 選び方と法律問題』『障害者総合支援法と支援サービスのしくみと手続き』（小社刊）などがある。

行政書士事務所 わかば
http://www.mikachin.com/kaigoindex

改訂新版　すぐに役立つ　入門図解
最新　介護保険【サービス・費用】と介護施設のしくみと手続き

2024年6月20日　第1刷発行

監修者	若林美佳
発行者	前田俊秀
発行所	株式会社三修社
	〒150-0001　東京都渋谷区神宮前2-2-22
	TEL　03-3405-4511　FAX　03-3405-4522
	振替　00190-9-72758
	https://www.sanshusha.co.jp
印刷所	萩原印刷株式会社
製本所	牧製本印刷株式会社

©2024 M. Wakabayashi Printed in Japan
ISBN978-4-384-04942-8 C2032